Diktatur als Chance

André Raguse

BUS Verlag

www.bus-verlag.com

Ein Buch aus dem BUS Verlag

1. Auflage

ISBN:

Die Rechte für die deutsche Ausgabe liegen beim
BUS Verlag
Pankstraße 11,
13357 Berlin

Druck: Books on Demand GmbH
In de Tarpen 42
22848 Norderstedt

Covergestaltung:
Olaf Kostbar

Inhalt

II. Kapitel Der Plan

III. Kapitel Die Alternative

IV. Kapitel Die Chance

Vorwort

Bei jedem Vorwort, das ich schreibe, möchte ich inhaltlich meistens zu viel vorwegnehmen. Dabei fällt es mir nicht leicht, nicht gleich mit der Tür ins Haus zu fallen. Themen, die mir auf der Seele brennen, möchte ich am liebsten herausbrüllen, um die narkotisierte Masse zu wecken; sie aus ihrem Tiefschlaf zu holen und ihr klarzumachen dass es viel mehr gibt, als nur zu konsumieren, zu schlafen, zu konsumieren und zu schlafen. Die Menschheit befindet sich schon seit Längerem in einem künstlich gehaltenen Dauerschlaf, aus dem sie zu wecken ist. Erst dann kann sie ihre Selbstverantwortung wieder übernehmen und den Weg der Mündigkeit gehen.

Doch sie wachzurütteln ist kein leichtes Unterfangen, dafür sind sie schon vom unnötigen Konsum und den einlullenden Medien zu stark konditioniert und geprägt. Gerade deswegen scheint es besonders wichtig zu sein, nicht einen Moment vergehen zu lassen, die Menschheit wachzurütteln. Ich bin davon überzeugt, dass dies nur möglich ist, wenn man sie permanent reizt und nervt. Schon der Titel des Buches soll und wird provozieren. Er soll neugierig machen und gleich zu Anfang einen damit Konfrontieren, sich mit dem Gedanken einer Diktatur auseinandersetzen zu wollen. Auch der, bei dem diese Aussage auf

Widerstand stößt, wird nicht daran vorbeikommen, sich mit diesem Thema auseinanderzusetzen.

Alle Lebensformen benötigen im gewissen Sinne eine Führung, einen Wegweiser. Seien es nun die natürlichen Gesetze, an denen sie sich orientieren müssen, oder Führungsqualitäten eines Alphawesens. Die natürlichen Gesetze oder Führungsebenen sind immer biologisch zweckgebunden und sinnvoll. Erst der angeblich menschliche Intellekt behauptet, quasi ohne Diktat sich demokratisch organisieren zu können. Dabei werden wir uneingeschränkt zum Negativen diktiert, belogen, ausgenutzt und in forcierte Kriege geführt. Modernste Sklaverei wird durch Begriffe wie ‚die Demokratie befindet sich in einer Globalisierung und muss von jedem Opfer abverlangen dürfen in den Köpfen der Menschen eingebrannt. Die Menschheit ist zum Erbrechen eingelullt worden. In ihrer Freiheit werden sie mehr und mehr beschnitten, ohne dass sie es merken, und die Medien schaffen es, den Menschen eine Matrix der heilen Welt vorzugaukeln.

Lügen werden so lange wiederholt, bis sie zur Wahrheit werden. So werden Krisenherde seit Generationen künstlich am Leben erhalten, um als Instrument fungieren zu können. Argumentationen werden immer und immer wieder aus der ewig gleichen Schublade geholt, um ein gleiches, wiederholendes Stimmungsbild zu erzeugen. Allein das schon ermüdet und lässt den Menschen, der sowieso schon leicht betäubt ist, kaum einen klaren Gedanken fassen.

Fast schon gefangen in einer Endlosschleife, bewegen sich die Menschen hypnotisiert durch ihren Alltag. Mittendrin in diesem Geschehen haben sie kaum eine Chance, die Situation zu erkennen. Sie benötigen einen Abstand ihrer Wahrnehmung, um ihre Situation zu begreifen. Diese Distanz wird ihnen kaum gewährt, vollgepackt mit existentiellen Sorgen setzen sie zwangsläufig andere Prioritäten. Meistens geht es nur ums Überleben, sich und seine Familie irgendwie ernähren zu können sind die Hauptthemen. Dafür wird gesorgt.

Wer sind nun aber diese, die uns wirklich regieren und lenken, die an alle Fäden ziehen und existente Entscheidungen treffen? Die Politiker sind es nicht, denn diese sind lediglich Galionsfiguren, nur Marionetten, die ins Rampenlicht geschoben werden, um selbst im Verborgenen agieren zu können, ohne belangt zu werden. Welche Absichten verfolgen diese Mächtigen? Was sind deren Ziele? Wozu sind sie fähig? Wo entwickelt sich der Mensch hin?

Einleitung

Alles, was wir tun, ja jeder Schritt, den wir gehen, hängt von unserer eigenen Intention ab. Wie sieht es aber mit unserer Intention aus? Woher bekommen wir diese? Tagtäglich erhalten wir Informationen über Medien, die uns eine globale Welt vorgaukeln. Uns wird suggeriert, wer der Böse und der Gute ist. Es wird eine feste Matrix modelliert, in der wir uns bewegen. Jede Lüge wird durch permanente Wiederholung zur Wahrheit. Bis sich jeder Zweifel verliert. Seit Anbeginn der Menschheit gab es nur eine Wahrheit, die des Mittels zum Zweck. Die gesamte Geschichte der Menschen ist auf Lügen aufgebaut und wurde so zur Realität. Zu jeder Generation kommen neue Lügen dazu.

Kriege wurden und werden forciert, um die Wirtschaft anzukurbeln, hinzu kommt noch, dass der Mensch sich explosionsartig vermehrt das wiederrum zu einer Gefahr für uns alle wird. Denn er, der Mensch, benötigt immer mehr Nahrung, Raum und natürliche Ressourcen. Parallel dazu entwickelte sich eine mächtige Elite, die das Ziel verfolgt, den Menschen zum einen drastisch zu dezimieren und den Rest zu versklaven. Jeder sogenannte Realist wird dies als verschwörungstheoretischen Quatsch abtun. Ganz klar, die PR funktioniert. Die Medien tun ihr Bestes. Aber genau das ist ja beabsichtigt. Informationen, die den Mainstream-Medien nicht passen, werden als lächerliche Verschwörung abgetan. Pseudointellektuelle Fernsehdiskussionen sorgen für ein festes Meinungsbild.

Können wir dem etwas entgegensetzen? Ja, wir können es, doch zuerst müssen wir uns selbst der gegenwärtigen Situation wirklich bewusst werden und uns muss klar sein, in welcher Situation sich die Menschheit derzeit befindet. Wir sollten wissen, dass die Monarchen niemals ihre Macht abgegeben haben. Sie haben die Monarchie lediglich raffiniert getarnt, verpackt und verwandelt in eine sogenannte Demokratie oder einen Sozialismus. Die Mächtigen haben nie aufgehört zu regieren. Dem Volk trotzend verfolgen sie ihren auf Lügen aufgebauten Plan. Eigens dafür wird die totale Überwachung immer professioneller und vom Volk sogar noch akzeptiert, weil man sich ja vor dem Terrorismus schützen muss. Die Angst wird geschürt und die Unsicherheit verbreitet.

In einer Zeit heutiger Medientechnologien und deren Überflutung eröffnet das Internet parallel eine neue Möglichkeit, Wissen auszutauschen. Unzählige Foren sind entstanden, die alle unzählige Informationen verbreiten. Viele Recherchen emsiger Journalisten und Autoren bringen immer mehr Hintergrundwissen an den Tag. Es entsteht Widerstand auf allen Ebenen. Aber eben **Widerstand** gegen eine Übermacht, die alles unter Kontrolle zu haben scheint.

Wenn diese „Mächtigen“ Menschen sind, dann ist es an der Zeit, an deren Menschlichkeit zu appellieren. Gerade sie sollten wissen, dass der Mensch auf Grund seiner Fähigkeit, lieben und glauben zu können, vergleichbar ist mit einer Kakerlake. Sämtlichen Giften trotzend, vermehrt er sich emsig weiter. Er ist nicht kleinzukriegen, ob es die vielen, zum größten Teil überflüssigen Pestizide, die zum Teil gefährlichen Medikamente sind oder verlogene Impfserien, die meistens giftige oder sogar sterilisierende Stoffe beinhalten, sie ändern nichts daran, die Geburtenrate steigt trotzdem explosionsartig weiter.

Auch forcierte Kriege mit hohen Kollateralschäden (also Menschen, insbesondere Zivillisten) reichen nicht aus, um der Bevölkerungsexplosion etwas entgegenzusetzen. Bevor die Mächtigen nun einen eventuellen atomaren Krieg forcieren oder einen anderen verheerenden Plan verfolgen, der vielleicht die halbe Menschheit vernichten könnte, würde es Sinn machen, mit ihnen einen Dialog zu suchen. Dabei stellt sich natürlich die Frage, ob überhaupt die Möglichkeit besteht, mit jemandem einen Dialog zu führen, der offiziell eigentlich gar nicht existiert. Und wenn es doch gelingen würde, wie könnte solch ein Dialog aussehen? Mit wem würden die Mächtigen in den Dialog gehen? Die Politiker wären nicht geeignet, sie sind schon zu lange die Marionetten der sog. Elite. Wären diejenigen, die die Macht haben, vielleicht bereit, mit ein paar auserwählten Menschen ein

Gespräch zu führen, und wenn ja, was könnten die Auserwählten den Mächtigen anbieten? Die natürlich niemals ihre Machtposition mit uns, dem Mob, teilen oder etwas davon abgeben wollen. Aus deren Sicht auch verständlich. Vielleicht aber ist ein Dialog mit Auserwählten gar nicht nötig und die Mächtigen erkennen selbst die Zeichen der Zeit und lenken von allein ein. Wenn, dann wäre es vielleicht vorstellbar, zum Wohle der gesamten Menschheit und zum Wohle des ganzen Planeten, dass wir uns bereitwillig auf eine offizielle, aber transparente Diktatur einlassen sollten. Vorteile hätten beide Seiten.

Die derzeitige Realität ist nur auf Lügen aufgebaut und diese müssen immer wieder neu verteidigt werden. Da im Internet zu viele Lügen in Frage gestellt bzw. auch aufdeckt werden, stürzen immer mehr Lügengebäude zusammen. Das erschwert das sogenannte Regieren aller Staaten und führt zu immer mehr Verwirrungen. Auch die Treffen der Mächtigen, die im Geheimen stattfinden, wie z.B. die der Bilderberger u.a., werden immer schwieriger im Verborgenen durchzuführen. All das wäre einfacher, wenn mit offenen Karten gespielt werden würde.

Große epochale Lügen wie die Mondlandung, der 11.September und die Klimalüge sind nicht mehr länger zu halten. Ganz zu schweigen von unzähligen Lügen, die wir tagtäglich in den Mainstream- Medien zu hören und zu sehen bekommen. Wie z.B. legitimierte Kriege gegen böse Diktatoren, die letztendlich von uns selbst gezüchtet und genährt wurden. Dies und noch mehr lassen sich nicht mehr länger umsetzen, daher macht es Sinn umzudenken.

Eine transparente Diktatur ließe den Mächtigen weiterhin das Zepter der Macht, aber in dem Fall mit klarer und offener Struktur.

Folgende Diktate könnten z.B. so lauten:
Weltweite Geburtenverbote für mindestens drei Jahre würden dazu beitragen, der Bevölkerungsexplosion etwas entgegenzusetzen. Außerdem eine Fleisch-Rationierung für die Gesamtbevölkerung um das Ökosystem global zu verbessern. So erschreckend wie dies im Moment klingt scheint es bei näherer Betrachtung gar nicht zu sein.

Vielleicht ist dies die einzige Chance, die Menschheit und unseren Planeten zu retten. Die Mächtigen bekämen zum ersten Mal ein ehrliches, positives Ansehen und würden so mit besserem Gefühl ihrer Verantwortung der Menschheit gegenüber gerecht werden.

I. Kapitel

Der Istzustand

Die Entwicklung einer Matrix

Als Erstes, wenn ich morgens wach werde, höre ich Geräusche. Vielleicht das Zwitschern der Vögel, das Prasseln von Regentropfen auf meinem Fensterbrett oder die Klospülung, das Rauschen des Wassers aus der Leitung, auf jeden Fall dringen irgendwelche Geräusche durch mein Gehör in mein erwachendes Bewusstsein, denen ich mich nicht entziehen kann. Mein bewusstes Selbst erwacht und alles Akustische wirkt auf mich ein. Nebenbei springen unterschiedlichste Gedanken im Wechsel von Traumsequenzen hin und her. Ich fühle aber auch die frische Kühle an meinem linken Bein, weil ich dieses nicht zugedeckt habe. Auch das weiche Kissen, auf dem mein Kopf liegt, wird bewusst fühlend wahrgenommen. Meine Schulter juckt ein wenig und ich habe das Bedürfnis, dort zu kratzen. Irgendwann öffne ich meine Augen, weil mich der Alltag ruft. In dem Moment ergänzt sich das Akustische, Gefühlte, Gedankliche sowie optische Wahrgenommene und ich bin wieder da. Vielleicht läuft mein Radiowecker oder ich werde von meiner Frau oder meinem Kind angesprochen, eventuell klingelt mein Telefon oder der Zimmerservice klopft an meiner Tür, weil ich mich gerade in einem Hotelzimmer befinde. Auf jeden Fall tauche ich ein in mein vorhandenes Dasein.

Der Schlaf trennte mich lediglich vom Vortag. Ich weiß genau, wo ich mich befinde und wer ich bin. Um mich herum umgibt mich eine vertraute Umgebung. Es kann sein, dass ich auf Geschäftsreise oder gerade im Urlaub angekommen bin, aber obwohl mir der Ort nicht vertraut ist, habe ich diesen Ort gezielt und bewusst aufgesucht. In der Regel weiß ich auch noch, was ich die letzten Minuten vor dem Schlafengehen gemacht und gedacht habe. Ich meine natürlich nicht solche Abende, wo man völlig übernächtigt (warum auch immer) ins Bett fiel und am nächsten Tag einem die letzte Stunde fehlt. So viel zum Wachwerden eines x-beliebigen Tages.

Nun beginnt das Planen bzw. das Durchdenken meines Tagesablaufs. Während ich mich im Bad frisch mache oder den Kaffee aufsetze, mache ich mir automatisch Gedanken über den immer heutigen Tag. Nebenbei kommuniziere ich vielleicht mit meiner Frau und oder meinem Kind und packe nebenbei die Dinge zusammen, welche ich für diesen Tag benötige. Das Radio läuft und ich höre gerade einen meiner Lieblingssongs aus alten Zeiten. Ich befinde mich in meiner Welt. Was für eine Welt ist das aber? Ich höre durch das offene Fenster die Sirene der Polizei oder das Hupen eines Autos, alles ist mir irgendwie vertraut. Dies ist der Istzustand, meine Realität. Selten denke ich überhaupt darüber nach, alles geschieht von allein, das Außen fließt an mir vorbei. Der Alltag ist zu vergleichen mit einem Fluss, ich sitze auf einem Floß und das Wasser bewegt mich in eine Richtung.

Spätestens jetzt sollte es an der Zeit sein, sich zu fragen, was diese Matrix oder auch die wahrgenommene Realität überhaupt ist und wie sie entsteht. Dafür macht es Sinn, des Verständnisses wegen etwas auszuholen. Wir Menschen (aber auch jedes andere Lebewesen) nehmen jede Art der Wahrnehmung über unsere Sinnesorgane auf. Wann dies beginnt, soll im Moment nicht zum Thema werden, aber ich werde in einem anderen Kapitel näher darauf eingehen. Fakt ist, dass wir ständig irgendwelchen Reizen ausgesetzt sind. Nun leben wir in einer Gesellschaft, deren feste Struktur gezielt einen Plan verfolgt. In solch einer Gesellschaft wird mit Reizen nicht gegeizt. Wir werden ständig überflutet mit Impulsen und Informationen. Jeder Zeitgeist ist spezialisiert darauf, eine besondere Stimmung zu erzeugen.

Der Mensch wird ständig mit wiederholenden Informationen in Form von verschiedensten Schwingungen konfrontiert. Was sind das aber für Schwingungen? In meinem Buch *Wer regiert uns wirklich und was wird aus unseren Kindern?* Bin ich auf dieses Thema näher eingegangen. Aber ich denke, es macht Sinn, an dieser Stelle darauf hinzuweisen, dass der Mensch ein energetisches Wesen ist. Was bedeutet, jeder von uns sendet bewusst und unbewusst ständig Wellen aus. Wellen, die eine klare Botschaft beinhalten. Ob diese Botschaft nun als positiv oder negativ empfunden wird, hängt von der jeweiligen Intention der Person ab. Bis vor nicht allzu langer Zeit glaubte man, dass unsere Gedanken, also unser Gehirn die meiste Energie ausstrahlt. Neueste Untersuchungen zeigen aber, dass eine Energie, die aus dem Herzen kommt, mehr als 300 Mal so stark ist wie die aus unserem Gehirn, und diese aus dem Herzen kommende Energie wird zu 100 % von allen wahrgenommen. Das bedeutet, jeder Gedanke wird quasi von unserem Gefühl (dem Herzen) durchleuchtet. Unser Gefühl bekommt einen wesentlich höheren Stellenwert, als man bis dato annahm. Permanent sind wir Schwingungen ausgesetzt, senden aber selbst nonstop wie ein Sender welche aus. Unsere eigenen Schwingungen, die wir aussenden, sind eine Frequenz unserer Emotionen, so wie wir uns fühlen. Haben wir Angst, stehen wir unter Stress, fühlen wir uns einsam oder liebe ich und werde geliebt? Habe ich Pläne, die ich verwirklichen will, bin ich ausgeglichen und liebe das Leben? Je nach Gefühl sende ich eine andere Frequenz aus, die von jedem empfangen wird. Die Menschheit besteht aus beinahe sieben Milliarden Menschen. Mehr als zwei Drittel davon leben in bitterer Armut und müssen ständig ans Überleben denken. Sie werden ausgebeutet und leben in Kriegsgebieten oder zumindest in ewigen Unruhen. Ein Drittel der Menschen lebt in den sogenannten Industrieländern; deren Lebensstandard ist im Vergleich zu den zwei Dritteln zwar bedeutend höher, dennoch stehen die monatlichen Einnahmen zu den monatlichen Ausgaben nicht im Verhältnis. Der breiten Masse geht es auch nicht gut. Die sozialen Absicherungen, für die jeder Einzelne Jahrzehnte eingezahlt hat, verlieren immer mehr an Wert. Allein in den USA, dem sogenannten Wohlstandsstaat, sind 44 Millionen Menschen ohne Arbeit und Leben in Wohlstandsarmut. Mehr als 20 Millionen Menschen leben in ihren Autos, Zelten oder in Pappkartons. In Europa sieht es nicht viel besser aus. Die Armut steigt auch hier. Existentielle Ängste sind an der Tagesordnung. Im Gegenzug steigt das Vermögen der nur wenigen reichen Menschen ins Unermessliche.

Welche Schwingungen auf unserem Planeten nun am meisten vertreten sind, kann sich jeder vorstellen. Schwingungen der Angst und des Zweifels. Eine Matrix besteht aber nicht nur aus emotionalen Schwingungen, die zweifelsohne den größten Teil einer Matrix darstellen, auch die optischen Wahrnehmungen, die Frequenz der Lichtwellen wirkt auf uns ein. Da Licht eine Kombination aus Wellen und Partikeln (Photonen) ist, üben sie direkten Einfluss auf das optisch von uns Wahrgenommene aus.

Ein einfaches Beispiel soll zum besseren Verständnis beitragen. Wir betrachten ein Bild, vielleicht ein Kunstwerk, und befinden uns in einem Zustand der vollen Zufriedenheit, wir sind eventuell verliebt, haben vielleicht einen guten Geschäftsabschluss gemacht oder wir sind einfach nur gut drauf. In solch einem Zustand werden wir das Kunstwerk anders betrachten und empfinden, als wenn wir gerade gestresst, vielleicht verärgert oder sogar wütend sind. Obwohl sich an dem Bild nichts ändert, ist unsere subjektive Betrachtungsweise von größter Bedeutung.

Fassen wir dies einmal zusammen: Emotionale, optische und gedankliche Schwingungen lassen eine Realität bzw. Matrix entstehen, die für uns zum Istzustand wird. Anders ausgedrückt heißt das, dass unsere Welt ein Produkt unserer individuellen Betrachtung ist, das auf Schwingungen resultiert. Was bedeutet, das Gesamtbild meiner Umwelt ist eine Reflexion meines Empfindens. Da die meisten Menschen aber in Armut und Sorge leben, ist deren Matrix nicht lebenswert. Deren Schwingungen werden ebenfalls das reflektieren, was sie zu empfangen glauben: Leid und Kummer.

Jede Gesellschaft verfolgt einen Plan mit einer festen Struktur. Diejenigen, die die Macht haben, sind sich der Gesetzmäßigkeiten der Matrix bewusst und verstehen diese gezielt einzusetzen. Sie verstehen es, eine Stimmung zu erzeugen. Der Mensch schwingt auf dieser Welle mit. In einer Matrix der Angst und Unsicherheit lassen sich die Menschen leichter beeinflussen bzw. lenken und der sogenannte Terror lässt sich leichter verkaufen.

Ein anderes Instrument ist die Filmindustrie (Hollywood u.a.), sie spielt eine wesentliche Rolle, um die Matrix zu festigen. So werden gezielt Filme produziert, um Stimmungen aufrechtzuerhalten oder zu erzeugen. Die Gefahr, dass die Erde von Meteoriten getroffen werden könnte, wird durch Filme wie *Deep Impact* oder *Armageddon* u.a. gestärkt. Ziel solcher Aktionen ist lediglich die Bewilligung von Geldern für Raketenabwehrsysteme, die dann von verängstigten Menschen eher akzeptiert werden. Kriegsfilme dienen in erster Linie dafür, den Patriotismus zu stärken und ein Feindbild aufrechtzuerhalten. Schauen wir uns solche aufwendigen Filmwerke genauer an und werfen ein paar Blicke auf vielleicht im ersten Moment nicht so spektakuläre Szenen, entdeckt man Werbung für die unterschiedlichsten Produkte. Superman rettete z.B. einen Truck von Marlboro, worauf Lois Lane kurz danach erst mal eine Zigarette rauchen musste. In Liebesfilmen werden unterschwellig Schokoladenprodukte eingespielt, weil jeder im süßen Naschen den Ersatz der Liebe sucht. Filme erzeugen vorsätzlich Stimmungen und diese lauten: Angst, Gehorsam und Konsumieren.

Der Alltag ist zu vergleichen mit einem Fluss. Ich sitze auf einem Floß und das Wasser bewegt mich in eine Richtung. Moment, das hatten wir schon. O.k., ich muss jetzt zur Arbeit und verlasse mein Haus, steige in mein Auto oder fahre mit dem Fahrrad, vielleicht fahre ich auch mit der U-Bahn. Jedenfalls **bewege ich mich** draußen zwischen unzähligen Menschen. Mir begegnen die unterschiedlichsten Personen wie Frauen, Männer und Kinder. Junge, alte, dicke, dünne oder große und kleine. **Manche bewegen sich** schnell, manche langsam, es gibt helle oder dunkle Typen, in Gruppen oder alleine, schweigend oder im Gespräch. Freundliche, ernste, verbissene, entspannte sowie böse oder lieb aussehende, kranke, gesunde, intelligente, dumme, raffinierte, einfache, schöne, hässliche, gefährliche und harmlose. **Sie bewegen sich,** zu Fuß, auf dem Fahrrad, im Auto oder im Bus, in der Tram, der S- oder U-Bahn, mit dem Roller oder auf Inline-Skatern und manche im Kinderwagen. **Ich höre** um mich herum Lachen, Schreien, Flüstern, Reden, Hundegebell, Autohupen, Polizei-Krankenwagen-Feuerwehrsirenen, ein an mir vorbeirasendes Motorrad, fremdes Handyklingeln, Babygeschrei, den tiefen Bass vom Radio eines vorbeifahrenden Autos sowie das Klacken der Ampeln, das für Blinde gedacht ist. **Meine Augen registrieren** die Ampellichter, fahrende und stoppende Autos, Busse, entgegenkommende Radfahrer und Kinderwagen, Hunde, die gefährlich oder harmlos wirken, Spatzen, Tauben und Krähen und unendliche viele Schlagzeilen verschiedenster Zeitungen am Kiosk. Auch aus der Ausfahrt kommende Fahrzeuge. Weiter oben unzählige Werbungen, die farbenfroh vor sich hin blinken, sowie über mich hinwegfliegende Flugzeuge. Trotz alledem **denke ich**, ich muss mich beeilen. Habe ich noch genug Zeit? Evtl. schaffe ich es noch. Ich muss noch zur Bank, muss noch dies und jenes kaufen. Irgendwie geht's mir nicht gut. Fühle mich ausgezeichnet. Ich brauche unbedingt diesen Job, Auftrag. Woher bekomme ich nur das Geld? Wird sie mir glauben? Werde ich eine gute Figur machen? Kann ich das schaffen? Hoffentlich dauert es nicht zu lange. Wird es beim Zahnarzt wehtun? Sie hat es mir versprochen. Der kann mich mal. Es wird schon nicht so schlimm werden. Ich hoffe, es klappt. **Ich fühle** Anspannung, Nervosität, Hektik, Orientierungslosigkeit, Unsicherheit, Kraft, Müdigkeit, Angst, Stress, Entspannung, Sicherheit, Euphorie, volle Freude.

All das ist die Matrix. Unzählige Wahrnehmungen laufen zeitgleich ab. Es bleibt einem keine Zeit, darüber nachzudenken. Wie ein Fluss fließt dies alles an einem vorbei und doch sind wir ein Teil dieser Matrix. Wir befinden uns mittendrin, und weil wir mittendrin sind, fällt es uns schwer, ohne Abstand alles betrachten zu können. Wir sind verhaftet im Gegenwärtigen. Betrachten wir den Istzustand in einer Zeit der Ruhe, der Abgeschiedenheit, fern von der Hektik des fließenden Alltags, gelingt es uns vielleicht, die Matrix zu verstehen bzw. sie mindestens zu erkennen. Solch ein Moment gibt uns die Möglichkeit, bestimmte Zusammenhänge analysieren zu wollen. Gezielt sehen und hören wir die ständigen Nachrichten anders als gewohnt. Sonst werden wir mit Meldungen zu getextet, die bei genauer Betrachtung so einseitig und stimmungsmachend sind. Jede Art von solchen Informationen füllt den Äther der Matrix.

Die meisten Menschen, gehetzt durch den Fluss des Alltags, sind nicht in der Lage, diese Ruhe und Abgeschiedenheit zu finden. Es gelingt ihnen nicht, diese Hetze von außen zu betrachten. Auf Grund dessen werden sie angesteckt von der inszenierten Stimmung. Für die meisten festigt sich die Matrix immer mehr. Sie ist für sie zur Realität geworden. Jede Diskussion wird lediglich diese Realität bestätigen. Pseudointellektuelle werden alles daransetzen, ihre Realität zu verteidigen. Andersdenkende, vielleicht die, die es geschafft haben, die vorgegebene Realität aus einem Abstand heraus betrachten zu können, werden als unrealistische Spinner oder Verschwörungstheoretiker abgetan. Die Mächtigen, die verantwortlich für unsere Matrix sind, nutzen gerade solche Pseudointellektuelle aus und lassen diese zum Sprachrohr in den Medien werden. Die Talkshows sind voll von solchen Möchtegern- Schlauen. Genau betrachtet ist das ziemlich einfach gestrickte Muster sehr funktional. Mach dich lautstark über den anderen lustig und habe noch dazu viele Mitlacher, dann wird automatisch alles Gesagte zum puren Unsinn. Was argumentativ so viel heißt wie ‚Wir wissen genau, wovon wir reden. Du aber nicht'. Diese Methode wird natürlich auf allen Ebenen praktiziert.

In der Politik, Wirtschaft, in allen sozialen Bereichen und besonders in der Unterhaltungsbranche. In den Mainstream-Medien ist diese Taktik zur Normalität geworden. So wird über Menschen und Staaten hergezogen, die angeblich dies oder jenes falsch machen. Mit großem Entsetzen werden Ungerechtigkeiten aufgedeckt, wie die Verbote freier Meinungsäußerungen, keine Pressefreiheit, zu wenig demokratische Rechte, Demonstrationsverbote, Inhaftierungen, Folterungen und andere Menschen-Rechtsverletzungen. Je mehr gehetzt wird, desto größer wird das eigene Ansehen seiner selbst oder des eigenen Staates. So nach dem Motto ‚Wie kann man nur so sein?'. Psychologisch betrachtet, befreit das einen von Schuld. Man ist ja selbst ehrlich und sauber. Wir dürfen dann mal so richtig empört sein.

Diese heuchlerische Form ist heute so salonfähig und findet sich in allen Gesellschaften wieder. Zynismus pur ist zum Instrument geworden. Dabei werden unsere eigenen Rechte fast täglich kastriert und die Ungerechtigkeit in unserem Staat in den Medien bagatellisiert, ja zerredet. Es werden peinlichst eigene Fehler vertuscht und die Boulevardschlagzeilen sorgen dann für die richtige Ablenkung. Auffallen wird es nur denen, die eben nicht zu den braven Mitmachern gehören. Und diese haben es nicht einfach, sie werden in den Mainstream - Medien keinen Platz bzw. keine Sendezeit bekommen, und wenn, werden sie in Talkshows gezielt vorgeführt, um sie dort lächerlich zu machen.

Die Matrix manifestiert sich. Mit Hilfe von Lügen, die inzwischen zum Hauptinstrument wurden, lässt sie sich leichter modellieren. So wird in den Köpfen der Bürger systematisch die Unschuld suggeriert. Diese lässt uns toleranter werden, wir sehen dann eher darüber hinweg, wenn anderen Staaten, aber auch anderen Menschen Ungerechtes widerfährt. So werden Militäreinsätze in Ländern, in denen wir eigentlich nichts zu tun haben, nicht als kriegerisch, sondern als humanitäre Hilfseinsätze dargestellt. Die Bevölkerung dieser Länder muss vor dem bösen Diktator beschützt werden. Interessant ist nur, dass in allen Ländern große Ölvorkommen oder andere wichtige Rohstoffe zu finden sind. Vielleicht sind diese Länder auch geostrategisch wichtig, auf jeden Fall aber besteht immer ein großes Interesse, der Bevölkerung solcher Länder zu helfen. Suggestiv werden Falschmeldungen zur Wahrheit. Die Medien sorgen schon dafür. Das Radio, der Fernseher sowie die Zeitungen, sie sind alle gleichgeschaltet. Gespielte Skepsis des Journalismus über verschiedene Themen soll lediglich kritisches Betrachten vortäuschen. All das macht unsere Matrix aus. Wie kommt es zu alledem und wie fing alles an? Wer steckt dahinter?

Die Geschichte

Wer zu oft lügt, dem glaubt man nicht

Wie weit man auch zurückblickt, es spielte sich immer und immer wieder das Gleiche ab. Der Mensch wurde versklavt, diktiert, regiert, gelenkt und beeinflusst. Wenige entschieden über viele. Das Volk war immer das unterste Glied des Wissens, des Planens und der Errungenschaften der Menschheit, obwohl es die Masse ausmacht. Das, was das Volk erfuhr, war immer der Abfall des zu Wissenden. Schon damals wusste man, dass das Volk dumm gehalten werden musste. Die Entwicklung der Menschheit war immer eine Entwicklung der Elite bzw. der Mächtigen. Die Masse bekam lediglich das Wissen zugeteilt, das nötig ist, um sie weiter lenken zu können.

Warum gab es die Sklaverei? Weil es einer Macht möglich war, Menschen zu versklaven. Eine verschworene Elite, die seit Anbeginn ihre Macht an Ihresgleichen weitergab, sorgte dafür, dass sie das Machtzepter behielt. Es war klar, dass es unter den Führenden auch Konkurrenzkämpfe gegeben haben muss. Quasi eine Selektion unter den Mächtigen. Nur die Stärksten hatten den Anspruch auf Macht. Wer am skrupellosesten und radikalsten war, stieg auf. Die, die das Zepter der Macht besaßen, machten über Jahrhunderte ihre Erfahrungen mit dem Volk. Sie haben gelernt, das Volk einzuschätzen. Sie haben verstanden, dass das Volk sich niemals einig werden durfte. Denn die einzige Kraft, die das Volk hat, ist seine Masse und diese ist nicht zu unterschätzen. Diese geballte Kraft sorgte in der Geschichte immer wieder dafür, dass die Mächtigen des Öfteren ihre Strategien gegen ihren Plan ändern mussten. Mehrmals war der Volkszorn so gewaltig, dass der Macht nichts anderes übrig blieb, als ihre Führungsstrategie zu ändern. So verwandelte sich die Monarchie zur Demokratie oder zum Sozialismus. Eine neue Strategie musste entstehen. Das konzeptionelle Lügen wurde zum Instrument. Was in einer Monarchie nicht unbedingt nötig war, die Monarchen entschieden über das Volk und fertig. Die Demokratie und der Sozialismus jedoch konnten nur durch Lügenaufgebaut werden. Das Volk sollte weiterhin ausgebeutet und gelenkt werden. Dafür wurde gezielt eine Welt auf Lügen entwickelt.

Eine neue Matrix wurde modelliert, in der die Ungerechtigkeit legitimiert wird. Das Volk bekam das Gefühl, es sei frei und es könne sogar selbst Einfluss ausüben auf das große Geschehen der gesellschaftlichen Entwicklung seines Staates. Aber genau das gehörte zum Plan. Zu denken, man sei ein mündiger Bürger. Ehrliche Wahlen und faire soziale Absicherungen sorgten für einen gesund funktionierenden Staat. Wäre doch zu schön, wenn das alles ehrlich gemeint wäre. Der wirkliche Plan sah aber anders aus. „Lass das Volk denken, sie seien frei. So werden sie aus diesem Gefühl heraus nicht so schnell merken, ausgebeutet zu werden. Man betäubt sie und lenkt sie ab mit unwichtigem Konsum, um deren Köpfe zu verwirren.“ Außerdem machte es Sinn, zur moderneren Strategie auch Feindbilder zu schaffen, und zwar auf allen Ebenen. Böse Feinde, die für uns persönlich gefährlich sein könnten, wie z. B. Bakterien, Viren oder Monsterzecken. – An dieser Stelle bin ich dem Leser natürlich schuldig, in einem anderen Kapitel auf dieses Thema näher einzugehen, welchen Einfluss die Bakterien und Viren wirklich auf uns haben. Aber auch Feinde, die unser Land, unsere Heimat bedrohen, Terroristen und Andersdenkende, könnten Chaos in unsere heile Welt bringen.

All dies klingt aber sehr nach einer Verschwörungstheorie, könnte man jetzt mit Sicherheit argumentieren. Nun wird ja jede Art von Kritik, die unsere heile Welt in Frage stellt, sehr schnell als verschwörungstheoretischer Quatsch abgetan. Mit großem Interesse würgt man das Gespräch somit ab und lässt denjenigen einfach als einen unrealistischen Spinner dastehen. Diese Methodik geht wunderbar auf, man sieht das fast täglich in öffentlichen Diskussionen, aber auch in privaten Gesprächen. Natürlich wurde schon immer gelogen, aber erst seit der Einführung der Demokratie und des Sozialismus wurde die Lüge zur Methodik, die Technik des konzeptionellen Lügens bekam einen anderen Stellenwert. Um dies besser zu verstehen, macht es Sinn, mit der Vergangenheit zu beginnen.

Werfen wir einen Blick zurück auf die Zeit, als der Mensch noch ganz **offiziell** versklavt wurde. Die Methodik war ziemlich einfach. Der Sieger, der Stärkere machte aus seinen Gefangenen Arbeitskräfte gegen deren Willen. Diese zu Sklaven Gewordenen mussten in Bergwerken, Minen, auf Feldern sowie auf Großbaustellen arbeiten. Ihr Lohn war gerade Mal so viel wert wie deren Nahrung, die sie benötigten, um arbeiten zu können. Wer sich weigerte, wurde bestraft, entweder er wurde ausgepeitscht oder im Extremfall getötet. Sklaven wurden wie Ware gehandelt. Der Preis war abhängig von deren Kraft und gesundheitlicher Verfassung. Sklavenhändler hatten großes Interesse an neuer Ware. Was dazu führte, immer mehr Menschen einfangen zu lassen, um diese anschließend zu verkaufen. Es war ein lukratives Geschäft. Neue Begriffe entstanden, wie z.B. Leibeigene; diese waren immerhin keine Sklaven mehr und konnten offiziell nicht verkauft werden. Dennoch wurden sie als Eigentum gesehen. Der Mensch selbst wurde so als käufliche Ware angesehen, sein Wert wurde gemessen an seiner Arbeitsleistungsfähigkeit. Heute können wir dies mit dem Bruttosozialeinkommen eines jeden Bürgers vergleichen. Ob es die Ägypter, Römer oder die neuen Kolonialherrscher waren, spielt keine wirkliche Rolle, es ging allein um die Methodik und deren Anwendung, die signifikant zu sein schien. Je größer die Baustellen waren, desto mehr Sklaven wurden benötigt. Das wiederum erschwerte den logistischen Aufwand. Die Sklaven mussten versorgt, untergebracht und vor allem bewacht werden. Sie waren Sklaven, keiner war freiwillig da. Mehr Sklaven bedeuteten auch mehr Wachpersonal. Es entstanden ganze Städte, bestehend aus unzähligen kleinen Hütten, als Unterkünfte für die Sklaven. War die Versorgung zu schlecht und Behandlung zu hart, wuchs automatisch die Bereitschaft, gegen die Wachen vorzugehen. Mit dem Risiko von Sanktionen der Sklaventreiber. Der Druck wuchs immer mehr. Die Herrschenden waren ständig gezwungen, Gegendruck zu erzeugen. Was wiederum für neuen Gegendruck sorgte. Diese Art von Unterdrückung war noch nicht ausgereift genug. Da sollte es wohl noch eine bessere Methodik geben. Denn es gab ja außerdem das Fußvolk, die Gemeinen und die Edelleute, die durch den Handel und den Besitz ihrer Ländereien zu Wohlstand kamen. Diese sind es, die den Staatshaushalt ausmachten.

Der Besitz der Mächtigen sollte unantastbar bleiben, denn genau das Gegenteil war das Ziel. Der Besitz der Mächtigen sollte durch Steuerabgaben des Mobs und der Edelleute weiter wachsen. Es kristallisierten sich drei Gruppen heraus, die Sklaven, die immer teurer und schwieriger zu bewachen waren, die Gemeinen, von denen man nicht allzu viel zu erwarten hatte und die man dumm zu halten hatte, sowie die Edelleute, deren Ziel prinzipiell der Gewinn war. Diese hatten nur ökonomische Interessen und waren daher gut zu besteuern.

Die Mächtigen jedoch verfolgten noch ganz andere Ziele. Die Vereinnahmung des gesamten Planeten inklusive der totalen Kontrolle über die Menschheit, die selbstverständlich reduziert werden muss. Die Masse vermehrt sich einfach zu schnell. Die Erfahrungen zeigten, dass die Versklavung der Menschen nach dem alten Schema zu kostenaufwendig war und zu viele Risiken in sich trug. Eine neue Methode musste her. Jeder weiß, dass die Not erfinderisch macht. Die Erfahrungen der Elite mit dem Volk führten zu immer neuen Erkenntnissen. Der Mensch sehnte sich u. a. nach Freiheit und Mitbestimmungsrecht; sollte er diese doch bekommen oder zumindest glauben, er bekäme sie. Die offizielle Sklaverei verlor so ihre Bedeutung. Die Mächtigen schufen nun neue Sklaven, die glaubten, sie seien frei. Diese brauchten nicht mehr permanent bewacht werden und arbeiteten sogar freiwillig mehr in dem Glauben, es sei für sie selbst.

Eine neue Scheinwelt wurde kreiert. Eine spezielle Matrix, auf Lügen aufgebaut. Je mehr die Menschen diese annahmen, desto mehr Lügen entstanden; diese wurde quasi zu einem Selbstläufer. So wurden die vom Volk gewählten Politiker geboren, die man als mächtige Staatenlenker vorführte. In unterschiedlichen Bereichen sollten die Minister (übersetzt: Diener) dem Staate dienen. Fassen wir mal kurz zusammen: Man führte also die Vorzeige-Staatenlenker, die angeblich die Mächtigen seien, vor um selbst abtauchen zu können. Die wirkliche Macht verschwand offiziell und Politiker traten an ihre Stelle. Präsidenten und Minister, die sich um die Anliegen der Bevölkerung kümmern sollten. Wessen Interessen sie wirklich verfolgten und wem sie dienten, wird klar erkennbar. Zusätzlich bekam das Volk freie Wahlen mit dem Glauben, Einfluss auf das Geschehen seines Staates nehmen zu können. Hinzu kamen noch die angeblich freien Medien, die selbstverständlich von den wirklichen Mächtigen aufgekauft und dann diktiert wurden. Sie erweckten den Anschein, das Volk würde vielseitig und umfangreich informiert. Da gab es die unterschiedlichsten Zeitungen und Journale. Die einen waren mehr links, mehr liberal oder mehr konservativrechts. Egal, sie sollten lediglich dafür sorgen, freie Meinungsbilder vorzutäuschen.

Bis 1990 war die Welt auch noch, ganz praktisch, aufgeteilt in zwei Weltanschauungen. Es gab die westliche demokratische Welt mit ihrer sozialen Marktwirtschaft, dem Kapitalismus. Diese wurde vertreten durch die nordamerikanischen Staaten, die USA und die westlichen Staaten Europas. Die andere Seite vertrat den Kommunismus oder Sozialismus, eine Arbeiter- und Bauern-Volkswirtschaft. Diese wurde von der russischen Staatengemeinschaft UDSSR und den osteuropäischen Ländern vertreten. Es gab für beide Seiten ein klares Feindbild. Die wirklichen Mächtigen trafen sich aber im Geheimen und planten die nächsten globalen Schachzüge. Offiziell waren sie aber erbitterte Gegner, dafür sorgten die vorgeschobenen Politiker auf der Weltbühne der Medienlandschaft. Eine auf Lügen aufgebaute Matrix eröffnete ein überdimensionales Spektrum kreativer Möglichkeiten. Fast alles war möglich. Machtansprüche jeder Art konnten legitimiert werden. Ob es um Ressourcen oder um geostrategische Interessen ging, alles war denkbar. Man erfand eine Geschichte und verbreitete diese sehr einseitig durch alle Medien und schon wurde eine Stimmung für das Volk geschaffen. Unzählige kleine Kriege wurden legal, in denen man sogar die neuesten Waffen an der Bevölkerung testen konnte. Die angeblich freie Medienwelt schwieg.

Diese Waffen wurden sogar noch von den Steuergeldern finanziert. Wenn Ihr Geschäft oder Unternehmen für etwas Neues investieren möchte, dann müssen Sie aus Ihren eigenen Einnahmen diese Investition finanzieren. Aber die Waffenlobby, die ja direkt für das Militär produziert, wurde und wird sogar noch heute von Steuergeldern der Bürger unterstützt.

Weitere Angst machende Lügen wurden kreiert und die passenden Hollywood-Filme unter stützten dies, um eine brauchbare Stimmung zu erzeugen. Jede Opposition, die gegen die Finanzierung irgendwelcher militärischer Ausgaben war, verlor an Bedeutung. So funktionierten und funktionieren noch heute die Geschäfte mit den Waffen. Kriege waren erwünscht, denn die Waffen sollten ja auch zum Einsatz kommen. In den 1970er und 80er Jahren wurden Unsummen von Steuergeldern bewilligt für die bemannte Raumfahrt, obwohl diese nie wirklich stattfand. Es wurde ein Weltszenarium geschaffen, so dass jeder glaubte, die beiden großen Supermächte USA und UDSSR befänden sich wirklich in einem Wettlauf. Einem Wettlauf, den Weltraum zu erobern. Stilvoll wurde die ganze Menschheit verarscht. Live-Übertragungen weltweit sorgten für höchste Spannung. Die Menschen glaubten aus vollem Patriotismus an einen realen Zweikampf technischer Errungenschaften. Beide großen Supermächte veruntreuten und finanzierten zeitgleich im Geheimen diese Unsummen von Steuergeldern, die sie kassierten, u.a. in ihren neuen Rüstungsprojekten. Was ist aber heute aus diesen Raumfahrtprojekten geworden? Mehr als 45 Jahre später. Wo sind die Mondbasen (die Städte auf dem Mond) geblieben und was wurde aus den regelmäßigen Reisen zum Mond und den weiteren Himmelskörpern, die man erobern wollte?

Gehen wir noch einmal zurück zu jener Zeit und versuchen uns in diese zurückzuversetzen. Eine Zeit, die geprägt war durch das Schwarz-Weiß-Denken, war relativ leicht zu modellieren. Zum einen gab es da den Bösewicht, der von beiden Seiten aus betrachtet werden konnte und zum Schurkenstaat ernannt wurde, und zum anderen gab es Länder, die man gerne auf seine Seite gewinnen wollte. Der Osten wie der Westen bemühte sich, diplomatischen oder militärischen Einfluss auf diese auszuüben. Offizielle Machteinflüsse waren die Norm. Es wurden Staaten wirtschaftlich und militärisch unterstützt. Man machte mit ihnen Geschäfte und bemühte sich, geostrategische Positionen zu erhaschen. Alles sah echt aus, so als wäre da ein wirklicher Zweikampf der beiden Supermächte. Die Menschen konnten sich mit der einen oder anderen Ideologie identifizieren. Kapitalismus oder Kommunismus. Demokratie oder Diktatur. Alles gehörte zum großen Weltszenarium. Der wirkliche Plan sollte aber etwas anderes sein. Die Menschen sollten auf etwas Neues eingestellt werden. Eine neue Matrix. Es macht Sinn, hier erst einmal einen Cut zu machen und die Philosophie der Spezies Mensch näher zu betrachten.

Die Philosophie des Menschen
oder die Betrachtung seiner Bedürfnisse

Seit Anbeginn der Menschheit, wann immer sie auch begann, verfolgte der Mensch das Ziel der Vervollkommnung. Er entwickelte sich stets weiter, es gab nichts, was ihn in seiner Entwicklung aufhalten konnte. Diese Zielsetzung der Weiterentwicklung ist tief in seinem Wesen verwurzelt und wird durch einen natürlichen Reflexionsmechanismus angetrieben. Jede seiner Handlungen verursacht eine Resonanz, diese führt zu einem Mechanismus der Reflexion. Der Mensch reagiert unbewusst und völlig wertfrei auf sein selbst verursachtes Geschehen. Ursache und Wirkung. All sein Handeln, was ein Denken voraussetzt, ist zu vergleichen mit einer Kerzenflamme, deren Licht sich in alle Richtungen ausbreitet, was so viel heißt, alles ist möglich, es ist nur eine Frage der Zeit.

Schauen wir uns die Dinge an, die der Mensch bis dato erschaffen hat. Betrachten wir zuerst die gute Seite des Menschen. Die schönen Errungenschaften. Unvorstellbare, wunderschöne Bauwerke sind aus dem Geiste einiger Bauingenieure entstanden. Weltweit. Unter welchem Einsatz, soll jetzt nicht zum Thema werden. Voraussetzungen, solche Bauwerke bauen zu können, waren hohe mathematischphysikalische und künstlerische Kenntnisse. Als ich das erste Mal den Petersdom gesehen habe, dachte ich nur, wie kann man so etwas überhaupt bauen. Bauen bedeutet planen, berechnen und umsetzen. Als ich, nachdem ich das Kolosseum gesehen habe, erfuhr, dass der größte Teil der Baumaterialien für den Bau des Petersdoms Material vom Kolosseum war, kam ich aus dem Staunen nicht mehr heraus. Das war für mich kaum vorstellbar. Ich war überwältigt von solch einem Bauwerk in seiner gigantischen Dimension und Schönheit. Geplant und gebaut vor 2000 Jahren. Ich konnte mir kaum vorstellen, dass der riesige Petersdom zum größten Teil aus abgebauten Steinen des Kolosseums bestehen soll. Ich möchte gerne einige Größen der Baukunst aufführen. Zum Beispiel der geniale griechische Bauherr und Architekt Kallikrates (geb. um 470; gest. 420 vor Chr.) erbaute u. a. den Parthenon und entwarf den Niketempel auf der Akropolis. Apollodor(os) von Damaskus (geb. um 65 in Damaskus; gest. um 130) erbaute u. a. die mehr als einen Kilometer lange Trajansbrücke über die Donau. Der geniale Bauherr Matthias von Arras (geb. 1290 in Frankreich und gest. 1352 in Prag) erbaute u. a. den atemberaubenden Veits Dom in Prag. Neben Genies wie Leonardo Da Vinci (1452 – 1519) oder Michelangelo Buonarroti (1475 – 1564) könnte ich noch unzählige weitere geniale Erfinder, Bauherren oder Maler wie Dalí oder Picasso u. a. aufzählen. Sie alle trugen zu Superlativen geistigkünstlerischer Errungenschaften der Menschheit bei.

Jede Geisteswissenschaft ist stets bemüht, sich in alle Richtungen auszubreiten. Was ist mit der Musik, mit den großen Kompositionen wie z. B. von Mozart, Bach, Pachelbel, Beethoven, Tschaikowski und vielen anderen großartigen Musikgenies? Wir haben auch heute geniale Musikgrößen wie z. B. Enrico Caruso, Luciano Pavarotti, Placido Domingo, Rolando Villazon, Monserrat Caballé oder Anna Netrebko, Maria Callas oder aus dem Jazz wie Aldi Meola, John Mac Laughlin, Paco De Lucia, Paul Desmond, Carlos Santana. Und natürlich viele andere. Alle aufzuzählen würde den Rahmen dieses Buches sprengen, daher belasse ich es bei diesen wenigen Namen.

Weitere Perfektionen finden wir in den Bewegungen, z. B. im Ballett u. a. bei Marius Petipa, Anna Pawlowa oder Vladimir Malakhov, die eine unendliche Vielfalt im Tanz beweisen. Nicht anders ist es mit der Akrobatik, dem Jonglieren, dem Trapez und den anderen unterschiedlichsten kreativen Ideen, die man im Zirkus oder im Varieté sehen kann. Es gibt nichts, was es nicht gibt. Die künstlerische Vielfalt scheint sich ins Unendliche zu bewegen. Es entstehen immer wieder neue Ideen, und das auf allen Gebieten.

Mich persönlich begeisterte eine für mich völlig neue Form der Kunst, die des Sandschiebens. Eine Frau bewegte ziemlich schnell mit ihren Händen Sand auf einer beleuchteten Glasscheibe hin und her. Dabei erzählte sie in Form von Bildern, die sie durch den Sand darstellte, eine Geschichte. Die Bilder und ihre Geschichte waren künstlerisch sehr beeindruckend. Erneut wurde mir klar, es gibt nichts, was es nicht gibt, alles scheint möglich zu sein. Der Mensch ließ Schriftsteller entstehen, die Romantisches, Lyrisches, Heroisches, Humoristisches, Dramatisches, Fantastisches, Philosophisches und Sachliches aus ihrem Geist in Form von Büchern schufen. Diese wurden dann wiederum in einer neuen Form der Kunst dargestellt. Die Kunst des Schauspiels, des Theaters und später des Filmemachens ist entstanden. Natürlicherweise kristallisierten sich auch hier grandiose Künstler heraus. Denken wir an Charly Chaplin, Gustav Gründgens, Bruno Gans, Jack Nickolsen, Brad Pitt und viele andere, die sich einen Namen machten.

Ausnahmslos, aus einem Urtrieb heraus, strebt der Mensch danach, sich weiterentwickeln zu wollen und die Harmonie zu suchen. Jeder möchte lieber lachen als weinen, feiern als trauern, die Anerkennung genießen als Misserfolge zu haben und lieber gesund als krank sein. Der Mensch ist ein Geschöpf und Schöpfer zugleich.

Aber es gibt nun mal auch die andere Seite, den anderen Pol, das Gegenteil. Anfangs beschrieb ich die Wahrnehmung unserer Matrix bzw. unseren Istzustand, der geprägt ist von den Frequenzen, die der Mensch allgemein empfängt und aussendet. Wir wissen auch, dass es Menschen gibt, die andere Interessen verfolgen und noch dazu sich in einer Machtposition befinden. Deren Grundbedürfnisse sind prinzipiell die gleichen wie unsere. Auch sie wollen lieber lachen, gesund sein und Anerkennung genießen. Dennoch sind sie in einer Position voller Macht und diese wollen sie auf keinen Fall verlieren und das unterscheidet uns von denen.

Zwangsläufig wenden wir uns nun der negativen, schlechten Seite des Menschen zu. Von Anbeginn war der Erfindergeist groß, insbesondere in der Herstellung von Waffen. Aus den einfachen Hieb- und Stichwaffen entstanden im Laufe der menschlichen Entwicklung immer effektivere Waffen. Aus der Pfeilschleuder wurde ein Bogen und aus der Steinschleuder eine Kanone. Aus rollbaren gepanzerten Rammböcken wurden Panzer, aus Schusswaffen mit Schießpulver wurden modernste Schnellfeuergewehre. Die Entwicklung war nicht aufzuhalten. Aus einfachen Kriegsschiffen mit Kanonen wurden riesige Flugzeugträger, auf denen modernste Düsenjets landen und starten. Es gibt inzwischen fliegende Festungen, die in der Luft betankt werden können. Aus einfachen Bomben entstanden Napalm-, Atom-, Neutronen-, Wasserstoff- und heutige Schmutzige Bomben. Der Erfindergeist kam nie zur Ruhe, wenn es um zerstörerische Waffen geht. Es gibt Mittel- und Weitstreckenraketen, die mit atomaren, biologischen und chemischen Sprengköpfen bestückt sein können.

Der Mensch hat Raketenabwehrsysteme im Weltraum und seit relativ kurzer Zeit Waffen aus der Nanotechnologie. Dies sind alles Waffen, die uns allen mehr oder weniger bekannt sind. Weniger offizielle Waffen sind z. B. künstlich erzeugte Erdstöße, die große Flutwellen oder Erdbeben verursachen können, oder Waffen, die direkten Einfluss auf das Wetter haben, und damit meine ich nicht ein paar Regenwolken, sondern extreme Dürre oder lang anhaltenden Monsunregen erzeugen können.

Auch in der Methodik der Kriegsführung hat sich viel getan. Sogenannte Falsflag Operations (Operationen unter falscher Flagge) sind inzwischen gesellschaftsfähig geworden. In den westlichen Demokratien werden stimmungsmachende Anschläge inszeniert, um Feindbilder zu schaffen. Die dadurch erzeugte Stimmung sorgt für ängstliche Menschen, die jede Art von Überwachung zulassen und akzeptieren.

Weltorganisationen wie die WHO sind von den Mächtigen infiltriert und lassen zigtausende Menschen in armen Regionen in humanitärer Mission mit Sterilisationsmitteln oder mit Viren infiziert massenimpfen. Auch diese Entwicklung verfolgt die gleiche Philosophie wie die gute Seite des Menschen. Dies ist im ersten Moment nicht leicht zu verstehen. Dazu macht es Sinn, zum einen die Kreativität und zum anderen die Polarität näher zu betrachten. Die Kreativität stellt das Schöpferische dar, das ewig Schaffende, das eigentlich völlig Wertfreie. Egal, ob es eine fantastische Komposition von Mozart oder die technische Meisterleistung einer ferngesteuerten Lenkrakete ist. Ob es ein Meisterwerk von Dalí oder ein ausgefeiltes Computer-Abhörsystem ist. Wir sehen lediglich in dem einen das Schöne und im anderen das Bedrohliche und Zerstörerische. Die Philosophie des Menschen, nach Erkenntnis zu streben, um Zusammenhänge zu erkennen, lässt letztendlich den jeweiligen individuellen Glauben und die entsprechende Lebensanschauung entstehen. Dies lässt unsere beiden Pole sichtbar werden.

Wer regiert uns mit welchen Zielen?

Fangen wir an mit dem **Wer?** Es müssen Menschen(?) sein, die höchsten Einfluss haben auf das Geschehen des gesamten Planeten. **Wer** könnte das überhaupt sein? Dazu macht es wieder mal Sinn, tiefer in die Vergangenheit zu schauen. In allen Zeiten waren irgendwelche an der Macht, und das überall auf unserem Planeten. Ständig gab es Machtkämpfe, die zur Umverteilung der Macht führten. Ein ewiges Verändern. Es entstanden auf dem gesamten Globus immer größer werdende Reiche; nicht jede Konfrontation musste zu kriegerischen Auseinandersetzungen führen, es gab auch gemeinsame Interessen und Eheschließungen zwischen den Führenden der verschiedenen Länder. Dennoch wurde gekämpft und gekämpft. Unterschiedlichste Kulturen entstanden, trafen aufeinander, vermischten sich oder lösten sich im Laufe der Geschichte wieder auf.

Was machte aber ein Reich so **mächtig?** Es waren die Besitztümer (Gold) und die Waffen, natürlich auch deren Fertigkeiten. Die Herrschenden waren nur mächtig, weil sie Macht und Kapital besaßen. Sie konnten eine Armee finanzieren und sich ausbreiten. Mit jedem gelungenen Raubzug wurden sie mächtiger. Es sei denn, es kam ein Gegner, der noch mächtiger war. Krieg gab es immer, so auch Gewinner und Verlierer. Die Mächtigen mussten oft alles auf eine

Karte setzen oder sich diplomatisch einigen, und das war nicht immer möglich. Außer den offiziellen Mächtigen gab es da noch die Waffenhändler und Finanziers (heute Banker); diese profitierten immer, egal, wer den Krieg gewann. Im Gegenteil, diese waren natürlich immer Befürworter einer jeden kriegerischen Auseinandersetzung. Jeder Krieg musste finanziert werden und dafür brauchten die Mächtigen genügend Zahlungsmittel, was meistens mit Gold aufgewogen wurde, für die benötigten Waffen für den bevorstehenden Krieg. Zu oft waren die engsten Berater der Könige und anderen Staatsoberhäupter diejenigen, die mit Waffen und Gold Geschäfte machten. Nicht selten waren sie auch Berater verschiedener Länder, auch der verfeindeten. Nur so kamen die Geschäfte ins Rollen und der Reichtum weniger Menschen stieg ins Unermessliche. Die Interessen dieser Familienclans haben sich nie geändert, ihr Reichtum wuchs mit jedem Krieg. So wurden über Jahrhunderte Kriege inszeniert, weil sie gewinnbringend waren.

Erinnern wir uns daran, wie aus der Kreativität sich immer wieder Neues entwickelt. Ein ewiges Weiterentwickeln wird angestrebt, und zwar von jedem auf seine Art. Also auch von solchen Familien, die über Jahrhunderte von Kriegen profitieren; auch die haben gelernt, ihre Macht durch das Kapital zu erweitern. Das Machtstreben der anderen nutzten sie im vollen Zuge aus. Denken wir an die Kerzenflamme, deren

Licht sich in alle Richtungen ausbreitet. So breitet sich auch die Kreativität aus, auch die der Abzocker und der Mächtigen Familienclans, deren Ziel nur eins ist, die Welt aufzukaufen und zu besitzen. Warum auch immer.

Die Effektivität der Ökonomie

Nicht nur Waffen und Geldgeschäfte wurden von ihnen verfolgt; nein, sie haben gelernt, was ein Staat benötigt. Energie (Öl, Gas und Strom) sowie Nahrung (Landwirtschaft und Tiernahrung), Gesundheit (medizinische Versorgung und Pharma-Industrie) sowie Informationen (Presse und Medien). Inzwischen sitzen sie in allen wichtigen Gremien, wenn ihnen nicht inzwischen der größte Teil schon selbst gehört.

Monarchen wurden offiziell entmachtet und an deren Stelle setzte man Galionsfiguren, die als Staatenlenker vorgeführt wurden. Jeder Staat hatte von Anbeginn an eine Tauschwährung, ein Zahlungsmittel, das meistens aus Münzen bestand. Man nannte es auch Geld; dieses stand bis zu einer gewissen Zeit immer adäquat im Verhältnis zum Goldvorrat des jeweiligen Landes. Eine Überzahlung war so niemals möglich, entweder das Land hatte genug Zahlungsmittel, also eine akzeptable Tauschwährung, die auf Grund des eigenen Landesvermögens gestützt war, oder nicht. Ein Zwischending gab es nicht.

Nun kommen wir wieder zu den Familienclans, die Geschäfte mit Waffen, aber auch mit Geld machten. Stellen wir uns vor, damalige Herrscher wollten/mussten ihr Militär so aufrüsten, dass ihre Staatskasse dennoch nicht ausreichte. Auch die Zwangseinnahmen vom gebeutelten Volk reichten einfach nicht aus; das gesamte Vermögen stützte sich auf den Goldvorrat des Landes. Die Waffenhändler bzw. Banker gaben selbstverständlich Waffen auf Pump (Kredite). Dafür bekamen sie auch etwas mehr als gegeben zurück; man nannte es dann Zinsen. Dies sollte zur Normalität werden. So konnten sie noch mehr Geschäfte machen. Das Verleihen wurde zur neuen lukrativen Einnahme. Die Geschäfte der Geld- und Waffenhändler wuchsen weiter. Der Gewinn stieg stetig an. Dennoch nicht in einem Tempo, das sich die Clans wünschten. Jedes Land konnte nur bedingt Schulden machen, auch wenn es das eigene Volk noch mehr ausbeutete. Alles ging nur über die Größe der Goldmenge, die eine ultimative Zahlungsfähigkeit darstellte. Das Gold wurde so zur Last der Banker und Waffenhändler (die im Laufe der Zeit ein- und dasselbe waren). Etwas Neues musste her, etwas Ökonomischeres.

An dieser Stelle erlaube ich mir darauf hinzuweisen, dass ich diese geschichtliche sowie wirtschaftliche Entwicklung bewusst sehr vereinfacht, aber dennoch korrekt darstelle. Ich möchte nicht den Leser mit Daten- und Zahlensalat irritieren. Denn in vielen gut gemeinten Büchern wird der Leser mit zu vielen Daten, Namen, Orten, Zahlen und Paragraphen zu getextet, so dass er die einfache Gesetzmäßigkeit und deren Methodik oft nicht ganz verfolgen kann. Mir liegt sehr viel daran, jedem meiner Leser die Ideologie der eigentlichen Mächtigen, deren Prinzipien und die

Gesetzmäßigkeit so einfach und verständlich wie möglich zu vermitteln. Verstehen wir deren Ideologie, Methodik und Anwendungstechniken, gelingt es uns leichter, dem etwas entgegenzusetzen.

Kehren wir zurück zu deren Plan. Das Gold war also im gewissen Sinn ein Handicap, wenn es um das noch schnellere Verdienen (Abzocken) ging. Jedes Land konnte letztendlich nur so viel ausgeben, wie es adäquat an eigenem Goldvorrat besaß. Danach war es nicht mehr zahlungsfähig; dieses Reglement war eine Gewähr für jedes Land. Eine Verschuldung bzw. eine Entwertung der Zahlungsmittel war unmöglich; Inflation war ein Fremdwort. Dieses Prinzip, diese Gesetzmäßigkeit hielt mehr als 2000 Jahre ohne eine Entwertung des Geldes, ohne jegliche Art der Inflation. Die Preise der einfachsten Dinge waren fast unverändert, und das mehr als zwei Jahrtausende. Dem etwas entgegenzusetzen war nur möglich, wenn das Gold abgeschafft bzw. aufgekauft und eine neue Währung geschaffen wird; eine Währung, die völlig unabhängig und frei ist von irgendwelchen Goldmengen. Der Plan ging auf, es wurden weitere Kriege inszeniert und natürlich finanziert, Hunger und Entbehrung für das Volk waren wie immer die Folge. Erst bot man den Menschen an, ihr bisschen Gold-Schmuck für Lebensmittelkarten und andere Scheine als neues Zahlungsmittel in der Not abzutreten; der Tausch war natürlich die reinste Abzocke. Später waren es keine Angebote mehr, sondern patriotische

Aufrufe, in denen es dann u. a. hieß, wer mehr als fünf Gramm Gold zu Hause hortet, ist nicht staatstreu und kann sogar haftbar gemacht werden. Es funktionierte, so wurde sogar das wertvolle Gold zu Spottpreisen aufgekauft und den Bürgern ein schlechtes Gewissen eingeredet. Die Familienclans saßen in sämtlichen Gremien, so dass sie es leicht hatten, die damaligen Banken zu unterlaufen und Kredite, die nicht pünktlich bezahlt werden konnten, sogleich in Goldbürgschaften abzusichern. Mit anderen Worten, plötzlich wurde das Gold als Sicherheit für nicht bezahlte Kredite aus den Schatzkammern des jeweiligen Landes sicher in Gewahrsam genommen. So verlor das Gold offiziell an Währung. Dafür bekam jedes Land im Laufe der Zeit ein neues Zahlungsmittel. Frisch gedrucktes Geld, hergestellt von einer Notenzentralbank. Dieses Geld hatte nur einen Haken, es gab nichts Adäquates an Wert, was dessen Stabilität sicherte. Mit anderen Worten, das Geld konnte nach Belieben von den Notenbanken gedruckt werden. Je mehr Geld gedruckt wurde und in Umlauf kam, desto weniger hatte es Wert; was bedeutet, man konnte mit den Preisen und den Zinsen, die man für geborgtes Geld verlangen konnte, machen, was man wollte. Nach Belieben konnte man den Zins anheben, ohne dies offiziell anzukündigen. Preissteigerungen fielen erst einmal überhaupt nicht auf. Großzügig wurden Kredite vergeben und mit Geld Geschäfte gemacht, obwohl dieses Geld überhaupt nicht existierte. Mit imaginärem Geld konnte man ganze Ländereien kaufen, obwohl es kein wirkliches Kapital dafür gab. Erinnern wir uns daran: Jedes Land hatte einen eigenen Goldvorrat, der die Stärke seiner Zahlungsmittel ausmachte. Diese Währung spiegelte adäquat das Kapital ihres Landes wider. Man konnte nicht mehr ausgeben, als man hatte, es war eine natürliche Finanzkontrolle.

Nach der Abschaffung des Goldes als Währungssicherheit und der Einführung des neuen instabilen Geldes war jede Art von Stabilität verloren. Die Preise konnten steigen, ohne dass der Endverbraucher es überhaupt merkte. Erst wenn die existentiellen Grundnahrungsmittel zu sehr anstiegen, wurde es einem bewusst. Immobilien wurden gekauft ohne echtes Kapital, man konnte nach Herzenslust mit ganzen Ländereien spekulieren, und das alles mit Scheingeld. Ab da wurden die Geschäfte so richtig lukrativ. Man saß in sämtlichen Gremien und Aufsichtsräten und übte immer mehr Kontrolle aus. Ökonomisch betrachtet konnte es kaum besser laufen. Gleichzeitig wurde das Gold weltweit herangeschafft und gehortet.

Was glauben Sie, liebe Leser, wo sich die meisten deutschen Goldreserven befinden? In der deutschen Schatzkammer? Ich muss Sie enttäuschen. Die deutschen Goldreserven befinden sich seit 1971 in New York. Ja, in den USA. Was hat eigentlich unser Gold dort zu suchen? Auch Deutschland musste als

Sicherheit sein Gold abtreten, weil es bis dato noch nicht in der Lage war, die Reparationen vom Ersten Weltkrieg an die Siegermächte zu zahlen. Bis heute liegt das Gold in New York, obwohl es offiziell nach 30 Jahren dem deutschen Volk zurückgegeben werden sollte. Oktober 2001 waren die 30 Jahre um und heute befindet sich das Gold immer noch in den USA. Doch kein Hahn kräht danach, ist doch irgendwie merkwürdig, oder?

Dem Skeptiker möchte ich an dieser Stelle raten sich diesbezüglich selbst Informationen zu besorgen. Heute ist durch das Internet fast alles möglich. Die meisten Menschen jedoch sind dermaßen versteift in ihrer Meinung, dass sie lieber lauthals schreien und alles, was sie nicht glauben wollen, abstreiten. Wo sind die deutschen Goldreserven? In Deutschland oder in welchem Land? Für mich persönlich ist es wichtig, eine Leserschaft zu haben, die offen ist für neue Informationen, und wenn Zweifel aufkommen, dass man bereit ist, diesen nachgehen zu wollen. Das macht einen Freidenker aus.

Kommen wir wieder zurück zu den gut verdienenden Familien, die inzwischen überall ihre Finger mit im Spiel haben. In welchen Ländern machen sie denn am meisten Geschäfte? Um dies beantworten zu können, macht es Sinn, erneut einen Blick in die Vergangenheit zu werfen. Dort fallen zwei Namen auf, die besondere Aufmerksamkeit verdienen. Die Rockefellers und die Rothschilds sind beide seit mehreren hundert Jahren bekannt durch ihre Geschäfte, die sie mit Waffen, Öl und Ländereien machen. Deren Vergangenheit war stets durch skandalöse Machenschaften im Rampenlicht der Öffentlichkeit, die jegliche Politik unterliefen bzw. direkten Einfluss auf diese ausübten. Mit anderen Worten, sie machten nicht nur Geschäfte, sondern auch Politik; noch besser, sie diktierten die Politiker. Ihre Macht war bzw. ist größer als die offiziellen Machthaber der Länder, mit denen sie Geschäfte machten. Das Vermögen der Rockefellers wird heute von Experten auf ca. 99.000 Milliarden US-Dollar geschätzt. Die Rothschilds übertrumpfen dies mit 120.000 Milliarden US-Dollar. Beide Großfamilien sind inzwischen dermaßen global vernetzt, dass sie fast überall geschäftlich involviert oder sogar die Inhaber selbst sind. Ob es die IFW, die EZB, die Deutsche Bank ist oder die großen Stromanbieter in Europa sind. Sämtliche Medienanstalten und Zeitungsredaktionen werden anteilmäßig von denen kontrolliert und diktiert. So viel zur freien Presse. Die größten Zigaretten-, Tabak- und Pharmaunternehmen weltweit sowie die größten Öl-Gasgesellschaften gehören den beiden Familien.

Unterstützung bekommen sie auch von anderen Familien wie den Gates' (Vater der Microsoft, Bill Gates) und anderen Familien. Von Waffenfirmen und Goldankaufunternehmen, in denen sie involviert sind, brauchen wir gar nicht reden. Betrachten wir diese

Familienclans von der einen Seite, wird einem klar, sie verfolgen die totale Vereinnahmung des gesamten Planeten mit sämtlichen Ressourcen, inbegriffen der menschlichen Arbeitskraft; und diese hätten sie am liebsten umsonst.

Die Kreativität des Geistes ist unbegrenzt. Wie das Licht einer Kerze breitet sie, die Kreativität, sich aus, in alle Richtungen, in jeden Winkel tritt sie ein. Die Idee, den Menschen so optimal wie möglich auszubeuten, ist das Ziel. Anders ausgedrückt, es wird versucht, die Essenz der Effizienz der Ökonomie zu finden. Vergleichen wir dies mit dem einfachen Einzelhandel. Jeder, der vor den 1980er Jahren geboren wurde, kennt noch die typischen Tante-Emma-Läden, die an fast jeder Ecke, in jeder beliebigen Straße zu finden waren. Die einen verkauften Seifenartikel, Süßwaren, Haushaltsartikel, Milchprodukte, Fischwaren, Kartoffeln und Gemüse sowie Backwaren. Man kannte die Verkäufer/innen, grüßte sich und hielt auch des Öfteren einen kleinen Smalltalk. Man bekam nach jedem Einkauf auch seine Rabattmarken und ging zufrieden nach Hause. Mit dem Aufkommen der Superdiscounter wurde die Konkurrenz für die kleinen Tante-Emma-Läden zu groß. Die riesigen Discounter konnten Ware zu ganz anderen Konditionen kaufen als die kleinen Läden. So löste sich ein Laden nach dem anderen auf. Der Raubzug der Konkurrenz hatte begonnen. Es entstanden immer mehr Discounter wie z.B. Manns, Konsum, Edeka, Rewe, Kaisers, Reichelt,

Butter Beck, Aldi, Netto, Norma, Lidl, Kaufland und Real. Es kam regelrecht zur Raubtierjagd, der Kleine wurde von den Großen gefressen. Inzwischen haben viele ihren teuren Namen aufgegeben und sind mit dem etwas größeren Discounter fusioniert. Einige von den genannten Namen existieren schon lange nicht mehr. Und so geht es weiter, jeder versucht so ökonomisch wie möglich zu sein.

Aber wie ist es möglich, noch effizienter und sparsamer zu sein? Als Erstes muss eine optimale Personalökonomie erarbeitet werden, das bedeutet zu Deutsch: Das Personal muss billig, willig und erpressbar sein. Was so viel heißt, es muss Angst haben, diesen unterbezahlten Job zu verlieren, weil es normal ist, so wenig zu verdienen, und es an Arbeitsplätzen mangelt. Dafür muss eine wirtschaftlich-politische Stimmung geschaffen werden. Auch der Arbeitsschutz musste gelockert werden, um jedem schnell kündigen zu können. Dies ist alles schon geschehen, wir können das jeden Tag in den Nachrichten hören, wie die Konjunktur auf und ab geht und welchen Preis die Globalisierung mit sich bringt. Der Mensch wird täglich damit gefüttert und ist letztendlich davon überzeugt. Die täglichen Medien tun ihr Bestes.

Was ist noch nötig, um effizienter und sparsamer sein zu können? Entwicklungsländer, die ihre Arbeitskraft und deren Schätze für noch weniger abtreten; denn den Begriff Verkauf möchte ich hier in solch einem Fall nicht mehr verwenden. Diese Länder werden gnadenlos ausgebeutet, und das von allen sogenannten Industrieländern. In den Entwicklungsländern ist es völlig legitim, dass Kinder für Hungerlöhne arbeiten dürfen, ja sogar müssen, weil sie sonst mit ihrer Familie, wenn sie überhaupt eine haben, verhungern würden. In Indien und Bangladesch verdienen Frauen in Großschneidereien, die für die modernen Industrieländer nähen, gerade mal 50 Cent pro Tag und das ist auch in Indien und Bangladesch ein Hungerlohn. Wir können aber dafür in Billigläden wie **kik** und anderen Geschäften ein T-Shirt für ganze 3,- € kaufen. All das gehört zum Plan, denn auch in unseren modernen Industriestaaten wächst die Armut und die unterste Schicht soll billigst versorgt werden. Ein Hartz-IV-Empfänger kann solche Läden, die Waren aus ausgebeuteten Ländern verkaufen, nicht boykottieren. Er ist gezwungen, solch einen Billigramsch zu kaufen, denn für mehr reicht auch sein weniges Geld nicht aus.

Also fassen wir mal zusammen: Die Essenz der Effizienz der Ökonomie heißt, gnadenlose Ausbeutung auf allen Ebenen. Die billigsten Löhne für Unsereins und die Länder der Dritten Welt sowie die Versklavung durch Kinder- und Frauenarbeit in riesigen Firmen, die für die reichen Industrieländer arbeiten müssen.

Science Fiction? Nein, das ist die derzeitige Realität. Aber es kommt noch dicker. Im Laufe des Buches werde ich noch mehr auf die Elite dieses Planeten und deren Machenschaften und Ziele eingehen. Traurig ist lediglich die allgemeine Kurzsichtigkeit der Masse, bezogen auf dieses Thema. Was selbstverständlich die Effektivität der Mediengestaltung hervorhebt. Die meisten erkennen nicht ihre wahre Sachlage, obwohl und gerade deswegen weil sie meist voller Sorgen sind. Sie sind nur am Überlegen, wie sie aus ihrem beklemmenden Zustand herauskommen. So wird der Wunsch zu shoppen und nach billigen Schnäppchen Ausschau zu halten zur Ersatzbefriedigung.

Die Fruchtbarkeit wird zum Problem
Die Bevölkerungsexplosion

Wir kommen zu einem ganz anderen Problem, nämlich zur Fruchtbarkeit des Menschen. Dazu macht es Sinn, sich Folgendes vorzustellen. Sie haben ein sehr großes Grundstück und wollen dieses praktisch, schön und für Sie so nutzbar wie möglich gestalten. Wenn Sie nicht unentwegt daran arbeiten, wird das Unkraut und die Parasiten Oberhand gewinnen. Ständig werden Sie bemüht sein, Ihr Grundstück von den Parasiten und dem Unkraut zu befreien. Was glauben Sie, was schneller wächst, das Unkraut oder Ihre Zierpflanzen? Die Antwort kennen wir alle. Nicht anders ist es mit dem riesigen Grundstück, unserer Erde. Alles wächst unaufhörlich, und das noch zu schnell.

Der Mensch ist für die Elite (und damit meine ich die Herrschenden) so etwas wie Unkraut, wie Parasiten; zum einen brauchen sie uns und zum anderen werden wir zur Gefahr. Denn auch die Mächtigen leben auf diesem Planeten und sie benötigen Sauerstoff, trinkbares Wasser und essbare Nahrung. Doch je mehr Menschen auf diesem Planeten geboren werden, desto mehr wird die Population der Biomasse auf diesem Planeten gefährdet. Die gesamte Erde beherbergt eine Gesamtbiomasse, die aus allen Lebewesen, die wir kennen, besteht. Vermehrt sich nun eine Spezies besonders stark, müssen automatisch andere dafür weichen. Denn die Gesamtbiomasse bleibt unverändert. Je mehr Menschen geboren werden, desto mehr andere Lebensformen müssen weichen. Die Erde bleibt als Bioplanet konstant. Nun gibt es zwei Spezies, die sich explosionsartig ausbreiten, die Insekten und die Menschen. All das hört sich sehr dramatisch an, aber sehen Sie selbst.

Mit Angst konnte man schon immer die besten Geschäfte machen. Das macht auch Sinn, denn jemand, der Angst hat, lässt sich auch mal schnell eine Versicherung gegen dies oder jenes andrehen oder er lässt sich bereitwillig impfen gegen alle Arten böser Keime, Bakterien, Viren und Zecken; er ist bereit, alles an Medikamenten zu sich zu nehmen, und noch zu vielem mehr. Er ist bereit, Steuererhöhungen zu akzeptieren gegen den Terror und für mehr innere Sicherheit. Ich könnte jetzt unendlich fortfahren, aber ich glaube, dass meine Leser genau verstehen, worauf ich hinauswill. Mit Angst können einfach bessere Geschäfte gemacht werden. Über die Angst als Geschäftsidee ist später in einem anderen Kapitel mehr zu lesen. Aber nun geht die Rechnung nicht so einfach auf, wie die da oben es gerne hätten, denn die Geburtenraten explodieren, was eine wirkliche Kontrolle erschwert. Bis zum Anfang des 19. Jahrhunderts brauchte die Menschheit 100.000 Jahre, um auf eine

Milliarde Menschen zu kommen; was so viel heißt, dass der Mensch seit Anbeginn seiner Entwicklung bis zum 19. Jahrhundert 100.000 Jahre gebraucht hat, sich auf eine Milliarde Menschen zu vermehren. Nur 100 Jahre später reichten aus, bis die Menschheit sich auf das Doppelte vermehrt hat. Anfang des 20. Jahrhunderts war der Mensch schon auf 2 Milliarden angestiegen. In weniger als 50 Jahren hat sich die Menschheit wieder verdoppelt. 1975 bestand die Menschheit aus mehr als 4 Milliarden Menschen, inzwischen haben wir die Grenze zu 7 Milliarden Menschen erreicht. Realistische Schätzungen sagen voraus, dass in den nächsten 20 Jahren sich die Menschheit verdoppeln wird.

Nun befinden sich zwei Drittel aller Menschen sowieso in bitterer Armut, aber dennoch existieren sie und haben ein Anrecht auf das Leben, auf ihr Leben. Im Fernseher können wir das Elend der Dritte-Welt-Länder regelmäßig sehen, zumindest wird dieses Elend immer mal wieder gezeigt, um uns zu sagen, wie gut es uns doch geht, und gleichzeitig werden wir durch groß angelegte Spendenaktionen noch aufgerufen, von unserem bisschen Geld der Armut etwas entgegenzusetzen. Dabei verdienen diese großen sog. Hilfsorganisationen nicht schlecht von den Spenden für die Armen. Der größte Teil des Geldes kommt nie wirklich zum Einsatz, um zu helfen. Der Dritten Welt soll auch nicht wirklich geholfen werden, denn diese Massen von Menschen wollen trinkbares Wasser,

Essen und menschenwürdige Verhältnisse wie jeder andere auch. Außerdem, was ist mit deren Bodenschätzen wie Diamanten, Erdöl und den anderen wichtigen Rohstoffen, die wir für die Computer- und Handytechnologie brauchen? Aber auch alle Arten von Obst und Gemüse bekommen wir nur so günstig, weil es eben arme Entwicklungsländer sind. Regierungen spenden (investieren) etwas für die Entwicklungshilfe dieser Länder, meistens bewusst nicht mal für etwas wirklich Effizientes, und schon haben sie einen Anspruch auf deren Schätze. Die Regale unserer Discounter sind dann voll von exotischen Früchten, die wir für wenig Geld kaufen können.

Kommen wir wieder zurück zur Bevölkerungsexplosion, denn diese soll wirklich zum Problem werden. Auch in den Industriestaaten wächst die Bevölkerung in atemberaubendem Tempo. Unser Planet hat gerade mal 2 % trinkbares Wasser, das im Verhältnis zur gesamten Biomasse völlig ausreichte. Jedoch mit der Ausbreitung des Menschen müssen andere Lebensformen auf unserem Planeten weichen und der Wasserhaushalt bekommt ein anderes Verhältnis zur Biomasse. Nicht anders ist es mit den Anbaugebieten für das Viehfutter und der Ernährung der Menschheit. All das wurde selbstverständlich von weisen Menschen weit vorausberechnet. Schon vor mehr als 60 Jahren legte man solche Berechnungen auf den Tisch. Diejenigen, die die Macht ausüben, die

Familienclans, verfolgen schon sehr lange einen Plan, dem Bevölkerungswachstum etwas entgegenzusetzen.

Erinnern wir uns an die Erschaffung einer Matrix. In jeder Matrix ist man geblendet vom Istzustand, der es einem kaum ermöglicht, das Ganze zu sehen. Wir sind konditioniert vom ersten Gedanken an und können uns eine andere Realität kaum vorstellen. Dafür wird gesorgt. Bevor ich die Gemeinheiten anfange aufzuzählen, macht es Sinn, erst einmal eine andere Seite der menschlichen Wahrnehmung zu beschreiben. Da gibt es, Gott sei Dank, eine parallel laufende geistige Entwicklung. Eine, der ich gerne den Namen Freidenker gebe.

Die parallel laufende spirituelle menschliche Entwicklung

Das menschliche Bewusstsein strebt seit Anbeginn nach Weiterentwicklung. Dies resultiert aus den Reflexionsmechanismen des Lebens allgemein und macht das Leben so lebenswert. Am Anfang des Buches wird die Entstehung einer Matrix beschrieben bzw. welche Komponente von größter Bedeutung ist. Positive und negative Schwingungen sind signifikant für die Entstehung einer Matrix, einer wahrgenommenen Realität. Da das Sein dual wahrgenommen wird, muss es immer zwei Seiten geben. Die eine Seite, die das verfolgt, was wir als schlecht empfinden, und die andere Seite, die das verfolgt, was wir als gut empfinden. Hier stellt sich automatisch die Frage, welche Absicht von welcher Seite verfolgt wird. Denn gut oder schlecht ist immer eine Frage der subjektiven Betrachtungsweise. Was für den einen gut ist, ist für den anderen schlecht. Worauf ich hinauswill, ist, zu hinterfragen, ob das, was die Mächtigen planen und umsetzen, nun gut oder schlecht ist. Wer entscheidet darüber, was gut oder schlecht ist?

Ich glaube hier ganz klar sagen zu können, die Geschädigten, und die sind verdammt noch mal die Masse, das Volk, der Bürger, der kleine Mann und auch der Freidenker, die Kreativität, die Kunst und die Liebe. All die sind die Geschädigten, wenn es um deren Plan geht, der sehr eigennützig zu sein scheint.

Ein Plan, den ich später genauer erläutern möchte. Wie eine Kerzenflamme breitet sich die Kreativität in alle Richtungen aus. Der Freidenker, jemand, der sich nicht so einfach in eine Matrix drücken lässt und keine auf Kosten anderer egoistische Lebensphilosophie verfolgt, entwickelt sich genauso weiter wie die Cleveren, die das Zepter der Macht in den Händen halten. Nur deren Intention ist eine andere. Die Freidenker träumen von einer Welt, in der der Mensch als kollektives Ganzes sich weiterentwickelt. Anders als eine geringe Anzahl von herrschsüchtigen Mächtigen, denen die allgemeine Entwicklung der Menschheit völlig egal ist. Immer mehr Menschen mit erweitertem Bewusstsein, ich verzichte gerne auf den Begriff ‚Intellektuelle', finden sich in unterschiedlichen Foren wieder. Sie organisieren sich und tauschen sich aus. Diese regelrechte Vernetzung führt zu einer spirituellen Macht. Mit großem Gewicht. Jedoch noch nicht ausreichend als Gegengewicht, dafür braucht es wohl noch eine gewisse Zeit. Die spirituelle Entwicklung des menschlichen Geistes ist nicht aufzuhalten. Gott sei Dank! Denn sie wird die zukünftige Geisteshaltung der Menschheit repräsentieren, wenn diese jetzige antiquarische, kastrierte Bewusstseinsebene überstanden ist. Verkrampft werden die Mächtigen dies zu verhindern zu versuchen, wie es schon immer der Fall war. Da werden keine Bücherverbrennungen oder Ähnliches helfen, denn der freie Geist wird sich immer weiterentwickeln. Es bleibt nur die Frage, unter welchen Umständen. Denn die Mächtigen werden ebenfalls ihre Macht weiter ausleben wollen. Es sei denn, sie haben verstanden, dass sich der Geist nicht einsperren lässt. Unser Bewusstsein strebt nach Erkenntnis und das bedeutet die Weiterentwicklung des Geistes. Um dem etwas entgegenzusetzen, versuchen die Mächtigen seit Generationen, die Angst zum Instrument werden zu lassen.

II. Kapitel Der Plan
Das Geschäft mit der Angst

Die Erschaffung einer Angst machenden Matrix sollte das Ziel sein. Wer verstanden hat, wie wichtig es ist, eine Realität zu schaffen, die von der Angst beherrscht wird, der weiß, dass diese zu allem fähig ist. Über den Menschen zu herrschen, funktioniert nur mit Hilfe der Angst. Ein interessanter Aspekt ist, dass das Böse den Anschein erweckt, dass es mehr qualitative Möglichkeiten bietet. Mit anderen Worten, wer sich der bösen Seite zuordnet, scheint mehr erreichen zu können, zumindest scheinbar. Die Realität erweckt den Eindruck. Mit der Angst lassen sich die besten Geschäfte machen. Da wir alle in einer projizierten Matrix leben, erfahren wir kollektiv das Gleiche. Uns wird beigebracht, wovor wir Angst haben sollen. Von klein an werden wir geprägt, welches unsere Feindbilder sein sollen. Angefangen von ganz alltäglichen Dingen wie Bakterien, Viren, Schimmel, Pilzen und Insekten, wie Zecken und Mücken. Dafür sind wir dann bereit, übertrieben viel Geld für Reinigungs-, Desinfektions-, Sterilisations-, Waschmittel sowie Raum und Duftsprays auszugeben. Dass der Mensch aber in der Lage ist, sich vollständig selbst heilen zu können, dass er ein Geschöpf und Schöpfer zugleich ist, der sich vor keinem Keim zu fürchten braucht, weil sich alles in Wirklichkeit im biologischen Einklang befindet, wird den Menschen bewusst vorenthalten. Was auch aus der Sicht der Mächtigen Sinn macht, denn sonst könnten sie uns ja keine Angst einjagen. Wir werden sensibilisiert auf eventuelle Infektionen, die wir uns natürlich überall holen können. Dafür gibt es aber Gott sei Dank jede Art von Impfungen und Medikamenten, die rein zufällig auch noch sehr gewinnbringend sind.

Was Impfungen und Medikamente aber noch beabsichtigen, möchte ich gerne zu einem späteren Zeitpunkt erläutern. Auf jeden Fall aber laufen die Geschäfte mit der Angst gut. Gott sei Dank gibt es ja genügend Versicherungen für jeden und alles. Wir können uns inzwischen gegen fast alles versichern. Hausrat-, Haftpflicht-, Unfall, Feuer-, Einbruch-, Diebstahl-, Vandalismus-, Sturm-, Wasser-, Todes-, Bergungsversicherung u.a. sollen uns beruhigen. Auch hier wird zufällig ein äußerst lukratives Geschäft mit der Angst der Menschen gemacht, die so geblendet und geprägt sind zu glauben, sich gegen eventuelle Schicksalsschläge versichern zu können. Wobei die Versicherungsanstalten fast jeden Schadensfall erst einmal in Frage stellen und meistens nicht begleichen.

Macht nichts. Man hat ja wenigstens einen gut bezahlten Job bzw. eine vernünftig bezahlte Arbeit. Oder? Na ja, Arbeit vielleicht, aber gut bezahlt? Auch hier wird vorsätzlich die Angst geschürt, was schon im ersten Kapitel des Buches ein Thema war. Die, die eine Arbeit haben, werden mehr leisten dürfen, wobei die Gehälter leider gekürzt werden müssen, und die Neueingestellten bekommen prinzipiell Schweinelöhne, was so viel bedeutet, sie können mit solch einem Gehalt gerade mal überleben. Sie sind abhängig von den billigsten Artikeln wie denen von kik, Schlecker und anderen Ausbeutern. Aber es gibt ja noch so viele Menschen im eigenen Land, die überhaupt keine Arbeit haben, denen geht es noch viel schlechter, die bekommen Hartz IV. Na gut, das ist nicht sehr viel weniger, da die Löhne allgemein nicht sehr hoch sind, aber man sollte sich doch glücklich schätzen, überhaupt eine Arbeit zu haben, um nicht wie ein Schmarotzer auf Staatskosten zu leben. So kommt es, dass viele Menschen einen Vollzeitjob haben und trotz alledem noch vom Staat unterstützt werden müssen, um ihre Unkosten decken zu können.

Die Menschen sind dermaßen geblendet, dass sie völlig eingelullt von den gekauften Medien nichts mehr peilen. Sie sind ernsthaft davon überzeugt, dass es leider so ist und nicht anders sein kann. Ja, die armen Banken machen sogar Miese und letztendlich lebt jeder über seine Verhältnisse und deshalb sollten wir jetzt alle sparen. Die gesamte Weltwirtschaft leidet, da müssen wir nun mal durch. Eigentlich könnte man wirklich Mitleid mit den Banken bekommen. Schließlich sorgen die täglichen Börsenberichte in den Medien dafür, dass wir alle gut informiert und aufgeklärt werden. Man zeigt uns mündigen Bürgern jeden Tag das Auf und Ab der

Börsengeschäfte, die selbstverständlich auch jeder versteht. Man darf sich glücklich schätzen, gut informiert zu werden. Wir werden eingeweiht in die Börsenwelt und deren Sorgen; leider gibt es dort natürlich auch Ängste wie z.B. einen totalen Börsencrash, eine Weltwirtschaftskrise, die uns alle betreffen kann. Wirklich alle? Hinzu kommt noch der Terror, mit dem wir jeden Tag konfrontiert werden. Da gibt es die fundamentalistischen Islamisten, die überall lauern, um uns anzugreifen. Wir müssen auch Angst haben um unsere armen Soldaten, obwohl diese doch nur den Frieden und die Demokratie in andere Länder bringen wollen. Zufällig besitzen solche Länder viel Öl, Gas oder andere Schätze. Angst davor, dass sie dort von undankbaren einheimischen Taliban erschossen werden könnten; und solche Elemente drohen auch noch, uns besuchen zu wollen, um den Terror hier fortzuführen. Deswegen macht es auch Sinn, auf Flughäfen die Menschen durch Nacktscanner laufen zu lassen. Reisende dürfen keine Flüssigkeiten mehr mit ins Flugzeug nehmen wegen der Sprengstoffgefahr; gleichzeitig muss der Reisende extrem überteuerte Preise in den sog. Duty Free Shops akzeptieren, wenn er ein Wasser kauft, um dieses mit ins Flugzeug zu nehmen. Unnötige Wartezeiten verlängern den Abflug. Aber all das nehmen wir gelassen hin, es geht ja immerhin um unsere Sicherheit.

Unbestritten ist, dass wir genug Gründe haben, Angst haben zu müssen. Dafür sorgt schon die verbreitete, allgemeine Verunsicherung. Da stellt sich doch glatt heraus, dass der Mensch verantwortlich ist für die dramatische Erderwärmung, den Klimawandel unserer geliebten Erde. Weil unser Planet natürlich sonst immer eine konstante Temperatur hatte. Der Klimakiller nennt sich nun CO_2. Ja, Sie haben richtig gelesen, das harmlose Kohlendioxid, das wir alle ausatmen und auspupsen, ist schuld an der Erderwärmung. Da sich 87 % des gesamten Energieverbrauchs aus Kohle, Erdgas und Erdöl zusammensetzen, sind wir alle mitschuldig und verantwortlich. Ob wir nun Auto fahren, in den Urlaub fliegen oder einfach nur einen Kühlschrank besitzen, im Winter heizen oder unzählige andere alltägliche Dinge tun, wir machen uns schuldig. Wir heizen unseren Planeten auf. Aber nicht nur wir Menschen, denn es gibt inzwischen Studien, die die CO_2-Emissionen der Blähungen unserer Kühe auf deutschen Weiden errechneten; und es war sogar die Rede davon, von den Landwirten, denn die Kühe kann man ja schlecht zur Kasse bitten, eigens dafür eine CO_2-Abgabe zu verlangen. Diese wurde dann wohl doch nicht eingeführt. Um sein Schuldgefühl ein bisschen zu entlasten, besteht aber die Möglichkeit, sich mit einer kleinen CO_2-Spende, die selbstverständlich nur für gute Zwecke eingesetzt wird, meistens sind es umweltfreundliche Projekte, ehrlich zu machen. Man kann sich sogar seinen eigenen Emissionsausstoß berechnen lassen, wenn man in den Urlaub fliegt, und diesen dann in Form einer Spende begleichen. Ist doch toll, oder? Man kann dann wieder mit gutem Gefühl pupsen und in den Urlaub fliegen. Näheres zur CO_2-Lüge später. Ich weiß, dass mir gerade hier der Schalk im Nacken sitzt und ich mich wieder ernster den Themen widmen sollte. Ich hoffe, die Leser verzeihen mir solche Ausrutscher. Dennoch sind die Fakten einer weltweiten CO_2-Verarschung realer, als die meisten sich vorstellen können.

Man will uns nicht nur permanent Angst einjagen, nein, das reicht nicht aus. Wir sollen auch noch mit Schuldgefühlen gepeinigt werden, damit wir opferbereit sind und unsere Zahlungsmoral wächst. Seit Al Gore wissen wir alle, dass wir schuldig sind, und dafür bekam er auch noch den Friedensnobelpreis, nicht schlecht, oder? Betrachtet man das Klima der letzten 20.000 Jahre, kann man feststellen, dass wir uns derzeit in einer relativen ruhigen Phase, wenn es um Erderwärmung geht, befinden.

Na gut, später mehr dazu. Kommen wir zurück zur Angst, mit der die Geschäfte super laufen. Wer Angst hat, bezahlt für seine Sicherheit, und wer Schuldgefühle hat, bezahlt dafür, dass er besser schlafen kann.

Welche Ziele werden verfolgt?

Dass man mit Angst und Schuldgefühlen bestens Geschäfte machen kann, sollte spätestens jetzt jedem klar sein. Aber geht es wirklich nur um Geschäfte? Oder ist dies nicht eher zu vergleichen mit einem Raubtier, dem es nicht nur um die Beute geht, sondern auch um das Jagen als solches, das tief in seinem Wesen verankert ist? Wer viel Macht hat, verliert meistens den Blick für das Einfache. So wie jeder im gewissen Rahmen alles aus seiner Sicht heraus sieht und danach handelt, agieren die Mächtigen nicht anders; nur dass sie andere Voraussetzungen mitbringen wie die kleinen Leute. Wir versuchen auch, uns unsere Welt zu Recht zu basteln, und die Mächtigen basteln sich eben ihre Welt zurecht. Wobei wir da allerdings deren Spielfiguren sind und nach deren Spielregeln tanzen müssen. Sie geben den Ton an und entscheiden klar und deutlich, wo es langgeht. Sie planen die Zukunft des Planeten und entscheiden über Leben und Tod aller Menschen.

Welche Ziele werden sie haben bzw. verfolgen? Ihre Interessen sind klar zu definieren. Den Planeten nach ihren Vorstellungen so zu gestalten, dass er für sie lebenswert ist. Vielleicht schauen wir zurück in die Vergangenheit, in der meistens nur grausame Könige herrschten. Wie ging es da dem Volk, wie waren die Besitztümer aufgeteilt? Dem Volk ging es bis zum

Erbrechen schlecht und die Reichtümer der Könige und Fürsten stiegen ins Unermessliche. Sie ließen sich Paläste bauen und lebten in Saus und Braus. Sie erhöhten nach Lust und Laune die Abgaben bzw. die Steuern und knechteten das gemeine Volk, oft bis zum bitteren Ende. Heute sieht es nicht viel anders aus, wobei es sich nicht mehr nur um ein Land, ein Volk handelt, sondern um den gesamten Planeten. Heute sind die Mechanismen lediglich ausgefeilter als früher. Aber die Interessen sind die gleichen geblieben. Die Macht nicht nur zu erhalten, sondern noch weiter auszubauen. Um sich die Welt komplett untertan zu machen, müssen jedoch bestimmte Kriterien geschaffen sein, ansonsten kann der Plan, auf den ich gleich kommen werde, nicht aufgehen. Zum einen werden die Menschen gebraucht und zum anderen sind sie wie Sand im Getriebe; hinzu kommt noch, dass sie auch viel zu viel geworden sind, und das soll zu einem der größten Probleme die Mächtigen werden. Um sich die Menschen untertan machen zu können, muss man sie kontrollieren können. Und zwar am besten gleich alle. Vieles spricht dafür, dass daran schon seit Langem gearbeitet wird. Paradoxerweise bekommen sie die Unterstützung und das Geld dafür auch noch direkt vom eigenen Volk, das bereitwillig wegen Terrorgefahr allem der Sicherheit wegen zustimmt und dafür Opfer bringt, indem es jede Steuererhöhung akzeptiert oder zumindest einfach hinnimmt. Doch jede neuere, bessere Sicherheitsvorkehrung ist gleichzeitig auch eine noch bessere Kontrolle des braven Bürgers. Kommen wir zum eigentlichen Plan, der Bevölkerungsexplosion etwas entgegenzusetzen. Das rasende Tempo des Menschenzuwachses muss unbedingt verlangsamt, wenn nicht sogar für bestimmte Zeit gestoppt werden. Diese Grundeinstellung ist für die Mächtigen zu einem Hauptproblem trotz vieler anderer geworden. Dazu macht es Sinn, auf dieses Problem näher einzugehen.

Die Dezimierung der Menschheit

Befassen wir uns mit der Bevölkerungsexplosion etwas mehr und betrachten die natürlichen Ressourcen weltweit. Stellen wir uns dazu auch noch vor, wir wären selbst die sog. Elite, die die Spitze der Menschheit darstellt, weil wir einfach die Macht über diesen Planeten hätten, was würde uns da in den Sinn kommen? Vielleicht würden wir auch daran denken, dass immer mehr Menschen geboren werden und diese uns die Luft, das Wasser, den Lebensraum und die Nahrung rauben. Macht zu haben bedeutet selbstverständlich auch Verantwortung zu besitzen, und genau hier liegt scheinbar das Problem.

Die Mächtigen haben nie gelernt, ihre Position aus der Verantwortung heraus zu betrachten. Welche Gedanken werden nun verantwortungslose, nur auf sich orientierte Wesen wohl haben? Die Gefahr eliminieren. Welche Gefahr bzw. wer stellt die Gefahr dar? Ganz klar, wir, die Menschen, die Masse, sind die Gefahr für diejenigen, die uns regieren. Denn die zunehmende Biomasse verschiebt das gesamte Biosystem unseres Planeten. Darüber sollten wir uns auch wirklich im Klaren sein. Betrachten wir die jetzige Situation einmal völlig wertfrei, sollte uns bewusst werden, dass es so wie bisher nicht weitergehen kann.

Jedoch befassen wir uns erst einmal mit deren Plan, uns Menschen dezimieren zu wollen. Anfangs waren da noch bestimmt in erster Linie rein ökonomische

Interessen, wie z.B., wenn die Menschen krank sind, daran gut verdienen zu wollen. Medikamente sollten verkauft werden und gewinnbringend sein. Pestizide sollten flächendeckend eingesetzt werden und der Gewinn sollte sich lohnen. Lebensmittelzusätze dienten vorrangig dazu, Geschäfte zu machen. Aber was hinderte die Mächtigen daran, aus diesem Geschäftsgebaren das Praktische mit dem Nützlichen zu verbinden? Die Effiziente liegt naheliegend in der Perfektion des Alten, Funktionierenden. Mit anderen Worten: Sie brauchten lediglich das zu steigern, was sie sowieso taten. Jedoch mit anderen Zielen, mit einer anderen Intention. Der Mensch soll weiter zugeschüttet werden mit Pestiziden, mit schlechten bzw. giftigen Medikamenten. Impfungen können endlich „sinnvoll" eingesetzt werden. Man kann nach Herzenslust Impfstoffe herstellen. Mit den unterschiedlichsten Inhalten. Angefangen von sterilisierenden Stoffen bis hin zu Quecksilber und anderen toxischen Substanzen, die nicht nur das Erbgut angreifen, sondern auch das gesamte Nervensystem zerstören. Unzählige Giftstoffe werden eingesetzt, um uns zu schädigen. Fluorid, das angeblich unseren Zahnschmelz härten soll, wird nicht nur Zahncremes und anderen Lebensmitteln beigemengt, sondern besonders auch im Trinkwasser ist es zu finden. Ein kleiner Auszug aus einem Forum aus dem Internet soll zum Verständnis beitragen.

Seit den vierziger Jahren unseres Jahrhunderts gilt Fluor als das Allheilmittel zur Kariesprophylaxe. Dabei wird leicht übersehen, dass Fluor ein gefährliches Gift ist, dessen Toxizität oberhalb der von Blei liegt und mit dem im Chemielabor nur unter ausgedehnten Sicherheitsvorkehrungen umgegangen werden darf. Der gleiche Stoff, der unserer Zahnpasta beigefügt wird – Natriumfluorid – ist zugleich auch ein sehr wirksames Insektizid bzw. Rattengift! Wesentlich beunruhigender ist es, dass Fluor auch ein wichtiger Bestandteil von Neuroleptika ist, die in der Psychiatrie zur Behandlung von Psychosen eingesetzt werden, mit teilweise katastrophalen Nebenwirkungen. □

Interessant ist auch noch hierzu der Preisvergleich, dass die billigen Wasser am meisten Fluorid und die teureren meistens kein oder wenn, nur ganz wenig beinhalten. Woher kommt Fluorid? Fluorid ist in großen Mengen ein Abfallprodukt bei der Aluminiumherstellung, und als gefährliches Gift müsste es als solches durch teure Sonderbehandlung umweltgerecht sicher entsorgt werden. Durch den ständigen Bedarf der Kosmetik- (Zahncremes) und der Lebensmittelindustrie Schwarztees u. a.) an Fluor wird die Großindustrie dieses gefährliche Zeug auf elegante Weise los und verdient sogar noch daran. Warum wohl verfügen Regierungen in aller Welt, der Be-

□ **Auszug aus dem Internet: Fluor kontra**

völkerung zwangsweise eine Substanz zu verabreichen, die nachweisbar Krebs erzeugt, Knochenbrüche fördert und das Bewusstsein sowie die menschliche Willenskraft schwächt?

Ein weiterer sehr gefährlicher Stoff, der als Süßstoff überall in jedem zuckerarmen Getränk, Kaugummis und in fast jeder Diätnahrung zu finden ist, ist Aspartam. Dazu einen kleinen Auszug aus dem Internet.

Im Allgemeinen sollten Nahrungsmittelzusätze nicht schaden. Aspartam verursacht dagegen Hirnschäden, der Multiplen Sklerose (MS) ähnliche Symptome, Kopfschmerzen, Epilepsie, Alzheimer, Stimmungswechsel, Parkinson'sche Krankheit, Hirntumore, Hautwucherungen, Umnachtung und Depressionen, Blindheit oder beschädigt das Kurzzeitgedächtnis sowie die Intelligenz. Aspartam verursacht das sowie noch weitere ca. 90 durch Langzeituntersuchungen bestätigte Symptome. Aspartam ist auch bekannt als Canderel, Nutra-Sweet, Equal, Spoonfull, Sanecta oder einfach E 951, der als ein Zuckerersatzstoff (E 950-999) betitelt wird. Die chemische Bezeichnung lautet L-Aspartyl-L-Phenylalaninmethylester. □

Eine kleine Anmerkung zu den Quellen aus dem Internet.

Viele Leser halten Quellen aus dem Internet für unseriös. Ich persönlich möchte mich dem nicht anschließen, aus folgendem Grund: Das Internet ist eine Plattform von und für jeden der sie nutzen

□ **Auszug aus dem Internet: Das süße Gift**

möchte. Dort werden die verschiedensten Themen aus den mannigfachsten Blickwinkeln betrachtet und angegangen. Diese anderen Sichtweisen, auch wissenschaftlicher Natur, lassen vieles transparenter werden. Nun zurück zum Thema.

Der dritte Stoff, der uns den Rest geben soll, nennt sich Aluminiumchlorid. Aluminiumchlorid befindet sich u.a. in Deo-Sprays und Rollern, die insbesondere die Schweißfunktion unter den Achselhöhlen dämmen sollen. Auffällig hohe Werte von Aluminiumchlorid befanden sich im Gehirn verstorbener Alzheimer-Patienten. Ich möchte auch an dieser Stelle meine Leser bitten, sich selbständig über die genannten Stoffe wie Fluorid, Aluminiumchlorid und Aspartam zu informieren, das Internet bietet da einige sehr interessante Foren. Wer sich die Mühe macht, wird mit Schrecken erkennen, mit was man uns vergiften möchte. Die neuen bzw. die letzten EU-Abkommen über Schadstoffe, die in Kinderspielzeugen und in Griffen von Kinderwagen und anderen Gegenständen, die wir mit unseren Händen täglich greifen, enthalten sind, sind ein Zeugnis dessen, wovon ich schreibe. Toxische Stoffe, die vor nicht allzu langer Zeit verboten wurden, sind nach neusten EU-Abkommen wieder erlaubt. So dürfen Plüschtiere mit Schadstoffen belastet sein, die vor wenigen Jahren als äußerst giftig und gefährlich deklariert wurden. Warum? Sie kennen die Antwort, denn es geht vorsätzlich um die Schädigung der Gesundheit des Menschen.

Nicht anders ist es mit der altbekannten Glühbirne; diese wird ganz einfach verboten, weil sie angeblich zu ineffizient in ihrem Verbrauch ist. Mit anderen Worten, sie verbraucht zu viel Strom im Verhältnis zu dem, was sie an Licht spendet. Also kommt eine Energiesparlampe gerade recht. Nur warum verbietet man eine Birne, wenn sie nicht ausreichend ökonomisch ist? Seit wann werden weniger ökonomische Produkte verboten? Betrachten wir mal diese Sparbirne genauer. Jeder weiß, dass diese Birnen, wenn sie kaputt gehen sollten, extra entsorgt bzw. kontaminiert werden müssen, weil sie Quecksilber enthalten. Quecksilber steht an oberster Stelle aller Giftstoffe, die offiziell minimiert werden sollen. Nun wird also eine neue Energiesparlampe auf den Markt gebracht, die nur mit Quecksilber funktioniert. Wie steht es mit der Entsorgung solcher Birnen? Höchstens 10 % aller Nutzer solcher Sparbirnen entsorgen verantwortungsvoll. Der größte Teil aller Nutzer entsorgt seine Sparbirnen auf den Müll, was so viel heißt, das Quecksilber landet in unserer Luft bzw. in unserem Erdreich. Quecksilber gehört zu den giftigsten Stoffen für den Menschen bzw. für das gesamte Leben allgemein. Aber es kommt noch dicker. Seit Anbeginn entwickelte sich das Leben auf diesem Planeten mit Hilfe der Sonne und deren Licht. Die Wellenlänge des Sonnenlichtes ist die gleiche wie die eines Feuers, einer Fackel, einer Kerze, gleich einer Glühlampe. Der dafür verwendete Faden (Wolfram) im Inneren einer Glühlampe erhitzt sich auf 1500-3000 Grad. Diese Wellenlänge basiert auf warmem Licht und befindet sich im roten Spektralbereich. Unsere gesamte Biologie ist auf dieses Licht geeicht. Unsere Haut sowie unsere Augen sind geprägt durch dieses Licht, das die Produktion des lebensnotwendigen, wichtigen Vitamin D in uns anregt und beeinflusst. Dieses Licht mit seiner Frequenz ist seit Anbeginn des Lebens auf unserem Planeten, das zur Entwicklung der gesamten Biologie beiträgt. Nun kommen diese neuen Energiesparlampen auf den Markt mit einer Lichtfrequenz, die alles andere als gesund ist. Es ist eine Frequenz, die man im grünen Spektralbereich ansiedeln kann. Eine Frequenz, die unsere Neuronen so sehr reizt, dass es im Extremfall bis zu epileptischen Anfällen führen kann. Experimente unabhängiger Licht-Biologen belegen deutlich, dass dieses Licht Menschen eher krank macht, als dass diese davon profitieren.

Einen letzten Aspekt der aktuellen vorsätzlichen Vergiftung möchte ich nicht auslassen: die Chemtrails, das sind die sogenannten Kondensstreifen der Düsenjäger am Himmel. Denn seit ca. acht Jahren können wir uns über die unterschiedlichsten Streifenmuster am Himmel über Deutschland erfreuen. Es sind Kondensstreifen, die einfach nicht verschwinden wollen. Normalerweise entstehen Kondensstreifen durch den Wasserstoff-Ausstoß der Düsen, der durch die unterschiedlichen Höhen und Temperaturen zu Eiskristallen wird und sich in der physikalischen Gesetzmäßigkeit innerhalb von Minuten auflöst. Je nach Höhe kann es ein paar Minuten länger dauern. Was hat es aber mit den Streifen am Himmel zu tun, die sich nach Stunden nicht auflösen wollen und sich sogar zu nebligen Wolkenformationen entwickeln? Hierfür würde es sich lohnen, ein eigenes Buch zu schreiben. Doch die wichtigsten Fakten möchte ich jetzt hier nicht vorenthalten. Nicht nur neugierige Bürger zeigen immer mehr Aufmerksamkeit und beobachten den Himmel, sondern auch Biologen, Chemiker, Physiker und Meteorologen werden immer achtsamer. Was geht da oben tagtäglich vor? Genau diese Frage stellten sich viele Wissenschaftler und auch andere neugierige Beobachter. Täglich wird unser Himmel geprägt mit den unterschiedlichsten Mustern am Himmel. Kondensstreifen in dieser Richtung und quer darüber in der anderen Richtung. Der Himmel ist seit geraumer Zeit voll davon. Nach langen Recherchen kam ich zu dem Begriff Chemtrails, der Erschreckendes ans Tageslicht bringt. Ein eigens dafür gegründetes neues Internetforum mit dem Namen *Sauberer Himmel* setzt sich seit wenigen Jahren intensiv mit diesen Chemtrails auseinander. Dieses Forum wurde u. a. von Chemikern, Biologen, Physikern und Meteorologen gegründet. Konsens deren Untersuchungen ist, dass diese sogenannten

Kondensstreifen keine sind, sondern verursacht werden durch einen besonderen Treibstoff namens JP-8, dessen Zusammensetzung ein Nervengift mit dem Namen DIBROMETHAN enthält. Hier ein kleiner Auszug aus dem Buch *Chemtrails:*

„Verschwörung am Himmel?"
Bei einer thermischen Zersetzung von Dibromethan entstehen bei einer Temperatur von ca. 340 Grad Celsius ätzende Bromwasserstoffe sowie giftiges und explosives Bromethen. Heftige Reaktionen mit starker Wärmeentwicklung zeigt Dibromethan mit Aluminium, Kalium, Laugen, Magnesium, Natrium oder Oxidationsmitteln. Das Einatmen von Dibromethan kann Ödeme im Atemtrakt und bei Hautkontakt Reizungen und Verätzungen bewirken. Darüber hinaus besteht akute Erblindungsgefahr. Überlebende einer Dibromethan-Vergiftung haben in der Regel mit Herz- und Lungenbeschwerden zu rechnen. □
Außerdem wurden von Biologen regelmäßige Untersuchungen in diesen Gebieten vorgenommen, über denen am meisten sog. Kondensstreifen zu sehen waren. Das waren und sind bis jetzt immer noch in der Regel Großstädte. Auffällig ist, dass man eine besonders hohe Konzentration von Barium und Aluminiumdioxid als feinsten Staub vorfindet. Ob auf Pflanzen, Gewässern oder einfach als Staub auf Häusern und Straßen. Was Aluminium und Barium

□ **Chemtrails: Verschwörung am Himmel? V. F. Sammler**

beim Menschen bewirken können, möchte ich nicht vorenthalten. Hierzu ein paar Auszüge aus dem Internet.

Aluminium im Gehirn löst Alzheimer aus:

Organisches Hauptmerkmal der Alzheimer-Krankheit ist die sog. Plaque –eiweißhaltige Ablagerungen – die sich im Gehirn zwischen den Nervenzellen einlagert. Im gesunden Gehirn werden solche Plaques zersetzt und vernichtet. Bei der Alzheimer-Krankheit aber häufen sie sich zu harten, unauflöslichen Plaques an. Laut Dr. John McDougall, Arzt und Ernährungsexperte in Santa Rosa, Kalifornien, befindet sich im Zentrum dieser Plaques ein Stoff, der dort nicht hingehört: Aluminium.

Oder der nächste Auszug:

Alzheimer-Forschung ignoriert Aluminium als mögliche Krankheitsursache

Die amerikanische Alzheimer-Vereinigung plant ausgiebige Forschungen zur Zusammensetzung der Plaques. Dafür ist ein Budget von 1 Milliarde US-Dollar vorgesehen. Doch obwohl bereits verschiedene Studien den Zusammenhang zwischen Aluminium und dem Ausbruch der Alzheimer-Krankheit belegen, wird dieser Aspekt von der millionenschweren amerikanischen Alzheimer- Vereinigung komplett ignoriert. □□

Wie ich mich schon anfangs zu den Chemtrails äußerte, hierzu könnte ich ein themabezogenes neues Buch schreiben. Daher möchte ich es dabei belassen,

□□ **Auszug aus dem Internet www.zentrum-der-gesundheit.de**

noch näher darauf einzugehen. Zum Schluss ist nur noch interessant zu erwähnen, dass Verantwortliche vom Forum *Sauberer Himmel* es nicht ausließen, an sämtliche Regierungen zu schreiben, was es mit diesen Aktivitäten am Himmel auf sich hat. Bis vor vier Jahren hieß es aus allen Regierungen, es seien lediglich Kondensstreifen, denen man keine weitere Bedeutung beizumessen brauche. Doch neueste Reaktionen der Regierungen, die durch immer mehr Druck von außen entstanden, auch die der deutschen, beziehen sich plötzlich darauf, dass man mit einer harmlosen Chemie in dem Luftraum gegen die CO_2-Emissionen vorgehe, um einer globalen Erwärmung entgegenzusteuern. Natürlich seien die Chemikalien gesundheitlich verträglich. Man beabsichtige mit dieser freisetzenden Chemie eine Verminderung des CO_2- Ausstoßes bzw. eine verminderte Sonnenreflexion (Treibhauseffekt), was aber von jedem ernst zu nehmenden Physiker als völliger Schwachsinn abgetan wird. Ich könnte jetzt noch unzählige andere Fakten nennen. Doch ich glaube, hier geht es mehr um die Erkenntnis und nicht nur um die Menge der Informationen. Mit Sicherheit gibt es viele Pläne, von denen wir nichts wissen, doch diese Menge an Fakten sollte ausreichen und belegen, dass die Menschen vorsätzlich geschädigt werden. Es geht schon lange nicht mehr nur um den Profit. Es geht in erster Linie darum, dem Menschen zu schaden bzw. ihn zu dezimieren.

Sieben Milliarden sind einfach zu viel und auch nicht nötig für eine Elite, die zwar Sklaven braucht, aber keine unkontrollierte Masse. Eine überschaubare Menge von vielleicht 500 Millionen Menschen, verteilt auf dem gesamten Planeten, sollte den Mächtigen wohl reichen. Der Rest von 6,5 Milliarden Menschen, der sich auch noch schneller als jedes Kaninchen vermehrt, muss dezimiert werden. Er wird sowieso als Schmarotzer angesehen und verbraucht nur unnötig die Ressourcen, die die Mächtigen lieber für sich haben.

Da gibt es z.B. die künstlich am Leben gehaltene Hungersnot in Afrika, die seit Generationen durch große Hilfsorganisationen wie Brot für die Welt oder UNICEF unterschwellig am Leben gehalten wird, aber eben nur gerade mal so. Mit Hilfe von Spenden werden die nötigsten Hilfsgüter nach Afrika befördert, um dem Hunger entgegenzuwirken. Wirkliche Hilfe wie der Aufbau einer funktionierenden Selbstversorgung sollte nie zum wirklichen Programm gehören. Afrika soll ein für alle Mal für alle Generationen der Vorzeige-Hunger sein. Schon in meiner Kindheit vor 50 Jahren wurden die gleichen Hilfsaktionen gestartet wie heute. Zum einen wird damit der schnell wachsenden Überbevölkerung wenigstens etwas entgegengesetzt und zum anderen bekommen wir gezeigt, wie es den Menschen auch ergehen kann. So nach dem Motto, anderen geht es ja noch schlechter. Und mit einer kleinen Spende können wir uns dann unser Gewissen ein wenig erleichtern. Nein, liebe Leser, das alles gehört zum großen Plan.

Henry Kissinger hat einmal gesagt, nichts auf unserem Planeten geschieht rein zufällig. Er sollte es auch wissen, denn dieser Herr Kissinger ist immerhin einer der, der bei fast allen Bilderberger-Treffen erscheint. Solche Versammlungen der scheinbar mächtigsten Menschen finden jährlich in Abwesenheit der Öffentlichkeit und der Medien statt. Diese dauern in der Regel drei Tage und laufen jährlich immer in einem anderen Land ab. Regelmäßig anwesend sind die Rockefellers, Rothschilds und eben Henry Kissinger sowie sämtliche Königsfamilien u. a. Ich möchte jedoch darauf nicht weiter eingehen, denn über die Bilderberger und deren Geschichte haben schon andere sehr aufschlussreich geschrieben. Z.B. *Drahtzieher der Macht* von Gerhard Wisnewski oder *Bilderberger: Das geheime Zentrum der Macht* von Andreas von Rétyi, die ich wärmstens empfehlen kann.

Kommen wir zurück zum großen Plan. Wenn ich mir die täglichen Mainstream-Nachrichten anschaue und diese mit denen vor 45 Jahren vergleiche, höre ich da die gleichen Probleme heraus, nach deren Lösungen man angeblich sucht. Ob es der Israel-Palästina-Konflikt, Hunger in Afrika oder der Atomausstieg (Atomkraft als Brückentechnologie) ist, alles das und noch viele andere Dinge sollen für jede Generation erhalten bleiben. Doch zurück zur Dezimierung der Menschheit. Klare Strukturen lassen an

Hand vieler Indizien erkennen, dass der Mensch als Masse dezimiert werden soll. Dennoch scheint es nicht so einfach zu sein, wie die Mächtigen sich das wünschen bzw. vorstellen. Trotz Seuchen-, Erdbeben-Überschwemmungs-, Kriegs-, Hungersopfer sowie regelmäßigen Impfserien mit Sterilisationsstoffen wächst die Menschheit in einem nie da gewesenen Tempo. Sie vermehrt sich in einer schon fast astronomischen Zahl 144.000 pro Sekunde Geschwindigkeit.

Pro Sekunde nimmt die Weltbevölkerung um 2,4 Menschen zu, das heißt, es werden 2,4 Menschen mehr geboren als sterben. Das sind 144 Menschen pro Minute x 60 Minuten, also 8 640 Menschen jede Stunde. Innerhalb eines Tages nimmt die Weltbevölkerung um 207 360 Menschen zu. Das sind im ersten Jahr knapp 76 Millionen neue Menschen auf unserem Planeten. □

Doch die Multiplikatoren Schraube lässt diese Zahlen in kürzester Zeit noch weiter nach oben schnellen. In den nächsten 20 Jahren besteht die Möglichkeit, dass die Menschheit sich verdoppelt. Was das bedeuten würde, kann sich jeder vorstellen. Mehr Nahrung, mehr Abfall, mehr Abholzung, mehr

□ **Weltbevölkerungszähler - Weltbevölkerungs-Statistik aus dem Internet**

Zerstörung, mehr Städte, mehr Elend und so weiter. Nein, soweit darf es nicht kommen. Doch was kann man dem entgegensetzen? Kriege dienten bisher immer dazu, eine Neuordnung zu schaffen und um sehr lukrative Geschäfte mit Waffen zu machen. Sind Kriege das Rezept gegen die explodierende Weltbevölkerung oder vielleicht künstlich erzeugte Seuchen? Ich glaube, wenn, dann eher Kriege, denn Seuchen sind nicht berechenbar, Kriege schon. Aber konventionelle Kriege erfüllen nicht ausreichend ihren Zweck, es gibt zu wenig Opfer, die der rasenden Geschwindigkeit etwas entgegensetzen könnten. Atomare Kriege wiederum zerstören und kontaminieren zu viel fruchtbares Land, das kann auch keine wirkliche Lösung sein. Die Menschen vergiften zu wollen durch Pestizide, Lebensmittelzusätze, Medikamente und Impfstoffe, reicht scheinbar ebenfalls nicht aus. Einen erfolgreichen Plan könnte es doch geben.

Dazu stellen wir uns ein auf eine kleine Horrorstory. Freierfunden nennen wir die Hauptfigur Thomas Bolt, □ der als Biologe im Robert-Koch-Institut tätig ist. Sein Fachgebiet ist Zellbiologie und sein Spezialgebiet, die Resistenz von Zellen zu erforschen. Seine jahrzehntelangen Forschungen, an denen er teilnahm,

□ **Diese Person und dieser Name sind frei erfunden, Ähnlichkeiten wären rein zufällig und haben keine Bedeutung.**

kommen immer zum gleichen Ergebnis, dass es unmöglich ist, einen Zellstamm zu immunisieren. Was so viel heißt, jeder Versuch, Organismen vor etwaigen Viren oder Bakterien durch Impfstoffe schützen zu wollen, ist illusorisch. Jede Art von Schutzimpfung ergibt so keinen Sinn.

Dies wurde bereits von Edward Jenner (1749-1823), Begründer des modernen Impfens, auf seinem Sterbebett bestätigt, indem er sagte, dass die Idee des Impfens der größte Fehler seines Lebens war, dieser jedoch schamlos von einer mächtigen Lobby ausgenutzt und zum größten Geschäft gemacht wurde.

Nun zurück zu unserem kleinen Kurzroman. In den Medien wird verkündet, dass ein neuer, äußerst aggressiver Virus weltweit zur Gefahr wird und die Todesfälle sich häufen. Immer mehr Menschen erkranken und sterben an diesem Infekt. Die Zahlen sind erschreckend hoch. Schon in der ersten Woche gibt es mehr als 500 Todesfälle weltweit. Die Medien berichten stündlich davon und die Angst wächst. In den Nachrichten werden regelmäßig Kranke und Tote gezeigt. Panik und Hysterie wird erzeugt. Endlich wurde nach emsigem Suchen und Forschen ein Impfserum entwickelt. Die WHO schlägt Alarm und lässt die Pandemie Stufe I verkünden. Auf Grund der großen Gefahr empfiehlt sie die Zwangsimpfung einzuführen. Denn die Todesopfer steigen laut Medien schon auf mehr als 1500 Menschen. Flächendeckend wird schutzgeimpft, was das Zeug hält. In Panik ist fast jeder bereit, sich schnell impfen zu lassen. Dennoch wächst die Zahl der Opfer täglich, auch oder gerade die der geimpften Menschen. Die Medien berichten, dass die geimpften Opfer schon vor dem Impfen infiziert waren und die Vorbeugung zu spät kam. Thomas Bolt kann nicht verstehen, was weltweit geschieht. Eine wirksame Schutzimpfung in dem Sinne gibt es nicht. Auffällig findet er nur, dass die meisten Opfer die Schutzgeimpften sind. Außerdem fiel ihm auf, dass es bis dato noch kein signifikantes Bild vom Erreger gibt. Keine charakteristischen Merkmale sind bekannt und doch gibt es laut Medien einen Impfstoff, der flächendeckend verabreicht wird. Inzwischen sind mehr als 20.000 Menschen Opfer dieser Seuche und jeder, der sich weigert, sich impfen zu lassen, macht sich strafbar. Täglich steigen die Todesopfer, Menschen werden von der Polizei abgeholt und zwangsgeimpft. Thomas Bolt stellt immer mehr fest, dass die steigende Zahl der Todesfälle adäquat zur Massenimpfung steht. Inzwischen sollen weltweit mehr als eine Million Menschen Opfer des Virus sein. Auch er bekommt eine schriftliche Aufforderung, sich mit seiner Familie impfen zu lassen. Schlagartig kommt ihm der Gedanke, mit seiner Familie die Stadt zu verlassen und sich in sein kleines Landhaus am Meer erst einmal zurückzuziehen. Also packt er mit seiner Familie die nötigsten Sachen ins Auto und macht sich auf den Weg. Doch schon nach kurzer Fahrt sehen sie zu ihrer

Überraschung von weitem, wie das Militär die wichtigsten Straßen am Rande der Stadt kontrolliert. Erst jetzt begreift Thomas Bolt, in welcher Situation sich seine Familie und er befinden. Seine nächtlichen Recherchen im Internet ließen ihn immer mehr zu der Annahme kommen, dass es hier um etwas ganz anderes gehen muss. Inzwischen sind laut Medien schon mehr als fünf Millionen Menschen Opfer der Seuche. Je mehr Impfungen, desto mehr Tote. Überall wird der Notstand ausgerufen und in solch einem Zustand gelten andere Gesetze. Das Kriegsrecht ist ausgesprochen und das bedeutet, dass die Bevölkerung jedes Zivilrecht verliert. Also kehrt Thomas Bolt mit seiner Familie um und sucht Unterschlupf bei seinem Bruder auf der anderen Seite der Stadt. Michael Bolt ist Neurologe und ebenfalls Familienvater. Auch er ist dem Impfstoff gegenüber skeptisch und hat bisher sich und seine Familie nicht impfen lassen. Der schriftlichen Aufforderung ist er auch nicht nachgekommen. Seine nächtlichen Recherchen führten dazu, dass er von ausländischen Kollegen erfuhr, dass es allgemein Probleme gibt. Leichen infizierter Opfer werden nicht zur Obduktion freigegeben. Auch nicht an offiziellen Instituten. Die illegalen Obduktionen belegen klar, dass die Menschen nicht an Infektionen sondern, an toxischen Reaktionen erlagen. Was so viel heißt wie, sie wurden vergiftet. Die beiden Brüder recherchieren weiter und verstecken sich in dem Haus von Michael Bolt. Auf weitere Briefe der Aufforderung zum Impfen und Klingeln an der Tür reagieren sie nicht. Sie halten sich so gut wie möglich im Verborgenen. Da aber alles registriert wird, wer sich wann und wo aufhält, dauert es nicht lange, bis das Militär es für nötig hält, das Haus gewaltsam zu öffnen. Und genau hier möchte ich dieses Horrorszenarium beenden. Diese gruselige frei erfundene Geschichte könnte eine Variante der Dezimierung der Menschheit sein. So abwegig ist diese nicht wirklich. Die Unwissenden, die solch ein Szenarium überleben würden, wären dankbar, dass sie überhaupt überlebt haben, und kämen niemals darauf, dass alles gesteuert und kontrolliert ablief. Die Mächtigen dagegen hätten alles unter Kontrolle und wären niemals ein Risiko eingegangen, ihre eigene Brut in Gefahr zu bringen.

Denn weltweit einem wirklich gefährlichen Virus freien Lauf zu gewähren, würde die Mächtigen nicht schützen, denn es gibt keine künstliche Immunität und das wissen sie. Auf Grund dessen wäre eine künstlich erzeugte Pandemie eine Version bzw. Variante, die in Frage kommen könnte, um die Menschheit zu dezimieren. Und dennoch würde der Mensch im Laufe der Zeit den Giften gegenüber eine Resistenz aufbauen. Er wäre in der Lage, irgendwann diese Gifte zu assimilieren und sich weiter zu vermehren. Die Millionen Menschen, die zum Opfer der flächendeckenden Vergiftungen wurden, wären lediglich biologisch selektiert. Die anderen würden es wieder mal schaffen, eine gewisse Widerstandsfähigkeit den Giften gegenüber aufzubauen. Nun sind Gifte und Bakterien oder Viren nicht das Gleiche, aber dennoch lässt sich bei allen eine klare Entwicklung der Widerstandfähigkeit beim Menschen erkennen.

Denken wir an die große Pest (1347-1352), die in Europa in nur fünf Jahren schätzungsweise mehr als 30 Millionen Menschen das Leben gekostet hat. Diese verschwand übrigens ohne jede Art von Impfungen und könnte auch als eine Form der natürlichen, epochalen Selektion betrachtet werden. Der Mensch und höchstwahrscheinlich jedes Lebewesen entwickelt sich immer weiter und zur Weiterentwicklung gehört auch die Anpassungsfähigkeit an seine Umwelt mit allen auf ihn einwirkenden Stoffen Also auch Giften, Viren und Bakterien gegenüber. Was aber ist nun das Geheimnis des Menschen, das ihn so widerstandsfähig macht?

Der Mensch ist wie eine Kakerlake

Was macht den Menschen so widerstandsfähig, dass man ihn mit einer Kakerlake vergleichen kann? Der Mensch verkraftet fast alles. Gifte machen ihn zwar krank und anfällig, aber nichtsdestotrotz schafft es seine Abwehr, im Laufe der Zeit wieder zu genesen und resistent gegen fast alles zu werden. Was macht ihn so stark? Der Mensch hat sich global auf alle Kontinente ausgebreitet, in allen Gebieten hat er Fuß fassen können und er trotzt jedem Klima. Ist dies für ihn nun ein Fluch oder ein Segen?

Um hierfür eine Antwort zu finden, macht es Sinn, das Wesen des Menschen zu verstehen. Jede Handlung eines Menschen setzt eine Intention voraus. Was so viel bedeutet, jede Tat ist abhängig von unserer Motivation, die die Beweggründe darstellt. Der Mensch als soziales Herdentier wird geleitet durch ein emotionales Familienbündnis. Sein Glaube an die Familie und ein übergeordnetes Überwesen, einen Gott macht ihn fast unsterblich. In meinem Buch *Wer regiert uns wirklich und was wird aus unseren Kindern?* habe ich von dem Epigenetiker Bruce Lipton berichtet, der das Zusammenspiel zwischen unseren Wahrnehmungen und unseren Zellen bis hin zur DNA beschreibt, welchen Einfluss unsere Gedanken, Gefühle und unser Glaube auf unsere Physis haben. Jeder Gedanke, jedes Gefühl und unser Glauben übt direkten Einfluss auf unsere Zellen bzw. auf unsere

Biologie aus. Wir kennen alle das Phänomen der Ablenkung. Ob nun bei kleinen Kindern oder bei uns selbst, spielt keine Rolle. In dem Moment, wo wir plötzlich abgelenkt werden, haben wir keine Schmerzen mehr. Ein Kind weint, weil es sich gestoßen hat. Gelingt es uns, das Kind abzulenken, vergisst es für den Moment die Schmerzen und schaut gespannt in die Richtung der Ablenkung. Bei uns ist es nicht anders. Fesselt uns ein Film zu sehr, vergessen wir auch schon mal die Zahn- oder Kopfschmerzen, bis der Film dann zu Ende ist. Sofort erinnern wir uns wieder an die Schmerzen, die auch gleich wieder einsetzen. Dies ist ebenfalls ein Teil der Matrix.

Betrachten wir nun zuerst einmal die erste Quelle der Lebenskraft: die Liebe und das daraus entstandene, stark emotionale Familienbündnis der Menschen. Dieses ist in allen Schichten gleich. Ob es die Ärmsten aller Armen sind oder die Familienclans der Mächtigsten, spielt keine Rolle, die Verbundenheit ist identisch. Das Zugehörigkeitsgefühl ist so stark verwurzelt, dass es große Kraft hervorbringt. Eine Kraft, die ein einzelner, isolierter Mensch niemals aufbringen kann. Für die Gemeinsamkeit der Familie lohnt es sich zu leben, lohnt es sich zu kämpfen, im Zweifelsfalle sogar zu sterben. Zu wissen, dass man Wurzeln hat, sich in eine Gemeinschaft einbringen kann und dort die Geborgenheit findet, gibt einem das Gefühl, gebraucht zu werden und vielleicht sogar unentbehrlich zu sein.

Welch cin Segen. Ein in unserer Seele tief verwurzelter Reflexionsmechanismus sorgt bei jedem ausnahmslos für solch ein Empfinden. Dem wollen und können wir uns nicht entziehen. Aber es gibt noch eine zweite große Quelle, die unsere Lebenskraft stärkt: der Glaube an Gott, der Glaube an sich und als solches. Er verleiht auch demjenigen Lebenskraft, der allein lebt und keine liebende Familie hat. Er kann aus der Quelle des Glaubens Lebenskraft schöpfen. Wehe den, der keins von beiden hat, der ist kränkelnd, ewig verletzt und angreifbar. Sein Leben hat keinen Sinn und er wird im Konsum seine Erfüllung und Befriedigung suchen. Ihn kann man krank machen, lenken und besiegen. Die lokale Abwehr eines Menschen hängt entscheidend von seiner mentalen Verfassung ab. Das heißt, wir sind so stark, wie wir uns fühlen. Mit anderen Worten, haben wir einen Grund zu leben, dann leben wir besser und widerstandsfähiger, die Motivation ist entscheidend. Jemand, der liebt, sowie jemand, der glaubt, hat ausreichend Gründe leben zu wollen. Jemand, der orientierungslos ist, hat keinen echten Lebenswillen.

Erinnern wir uns an die Entstehung einer Matrix. In ihr wurde die Wichtigkeit der eigenen Intention klar definiert. Der Mensch kann alles verkraften, wenn er richtig motiviert ist, wenn er einen Grund hat zu leben. In dem Moment ist er zu vergleichen mit einer Kakerlake, die sich allen Situationen anpassen kann. Betrachten wir den Menschen mit seinen Bedürfnissen, finden wir überall die gleichen Wünsche. Jeder Mensch möchte Zufriedenheit, die er im gemeinschaftlichen Zusammensein findet. Dazu gehört der allgemeine Spaß wie Lachen, Tanzen, Singen, Feiern, sich austauschen und Erfolgserlebnisse genießen. Stolz sein auf seine eigenen Leistungen sowie die der Nachkommen und die Vermählungen unserer Angehörigen. All das macht den Menschen stark. Ein Verzicht auf die genannten Dinge deformiert den Menschen zu einer seelenlosen Hülle. Und genau das soll zum Ziel werden. Es gibt einen Plan, die Liebe und den Glauben abzuschaffen.

Aufhebung der Familien und der ehrlichen Liebe

Gehen wir davon aus, dass die Liebe und der Glaube so stark ist, dass der Mensch alles Mögliche wegsteckt bzw. verkraften kann. Die Liebe und der Glaube sind das, was uns am Leben erhält. Die Liebe und der Glaube sind signifikant das Stärkste, was der Mensch zu bieten hat. Was kann der Liebe und dem Glauben aber entgegengesetzt werden? Eine Möglichkeit wäre z.B. der Versuch, den Glauben und die Liebe aufzulösen und ihnen einen geringeren Wert zuzuordnen. Die allgemeine Verwirrung könnte dazu beitragen, die Orientierungslosigkeit in die Köpfe der Menschen zu transplantieren. So würde die Liebe und der Glaube an Kraft verlieren. Die Liebe und der unermüdliche Glaube macht uns so stark, dass wir so gut wie alles ertragen bzw. assimilieren können. Ob es nun die ungesunden Chemikalien in Lebensmitteln sind oder die Gifte, die wir durch Pestizide oder Impfungen regelmäßig erhalten, sowie Bakterien und Viren, die uns durch künstliche Infektionen erteilt werden. Auch die krankmachenden Beleuchtungen wie die der Sparlampen, die Chemie der Chemtrails und andere Dinge spielen keine wirkliche Rolle. Unsere Liebe und der Glaube sind allemal stärker. Dem nun etwas entgegenzusetzen, soll zu deren großen Plan gehören.

Sie, die Mächtigen, haben erkannt und verstanden, wie stark die Liebe und der Glaube sein können. Wie könnte aber solch ein Plan aussehen? Vielleicht indem man dafür sorgt, dass die Liebe und der Glaube in den nächsten zwei oder drei Generationen deformiert werden. Im Namen des Neoliberalismus scheint das gar nicht so schwer zu sein. Die Macht versteht es, die Masse wie eine Herde Schafe zu lenken und sie noch in dem Glauben zu lassen, sie seien frei und mündig. Alle zusammen unter dem intellektuellen Schirm der Postmoderne, Nationen, Globalisten, Unternehmen und Gewerkschaften, angeführt von Feministen und Intellektuellen glauben sie einen Fortschritt entstehen zu lassen. Geschickt verpackt werden die Menschen eingelullt mit gut klingenden Begriffen, die dann hinterhältig zum Instrument werden. Freie Sexualität für jeden, niemand soll diskriminiert werden, gleiches Recht für jeden. All das klingt 100 % überzeugend und jeder gebildete Mensch kann dem erst einmal nichts entgegensetzen. Doch machen wir uns die Mühe und schauen genauer hinter die Kulissen der Gender-Kampagne bzw. deren PR, werden wir überrascht sein, welcher Aufwand und welche Summen gegen die Diskriminierung der Frauen und der sexuell anders gepolten Menschen ausgegeben werden.

Das Gender-Mainstream-Konzept ist geboren. Ein Konzept, das Unsummen an Steuergeldern frisst im Verhältnis zu wichtigeren sozialen Investitionen wie z.B. gegen Armut und für eine bessere Bildung, sollte zum Denken anregen. Auch an dieser Stelle möchte ich meine Leser bitten, nicht nur Bücher zu konsumieren, sondern die Initiative zu ergreifen und selbst ein wenig zu recherchieren. Zum einen gibt es da die offizielle Version des Bundesinnenministeriums für Familien, Senioren, Frauen und Jugend, die ein jeder im Internet ersehen kann, und zum anderen viele Beiträge seriöser Autoren, Pädagogen, Psychologen und anderer Interessierter, die sich dem Gender-Mainstream-Konzept sehr skeptisch gegenüber äußern. Aber hier erst mal ein Auszug aus der offiziellen Version vom Bundesinnenministerium für Familie, Senioren, Frauen und Jugend.

Gender Mainstream ist eine Strategie, um durchgängig sicherzustellen, dass Gleichstellung als Staatsaufgabe (Art. 3 Abs. 2 GG) insbesondere von allen Akteurinnen und Akteuren der öffentlichen Verwaltung verwirklicht wird. **Gender –** *das bedeutet, nicht stereotyp „die Männer" in den Blick zu nehmen, sondern Menschen in ihrer Unterschiedlichkeit und Vielfalt zu berücksichtigen. Niemand ist nur männlich oder nur weiblich, aber wir leben in einer Welt, die maßgeblich durch die Zuweisung von Geschlechterrollen geprägt ist. Daher ist es wichtig, Geschlechtsdifferenzen wahrzunehmen, sie aber nicht – wie es auch das Bundesverfassungsgericht sagt – als tradierte Rollenzuweisung zu verfestigen. Mit Gender sind also immer auch Vorstellungen von Geschlecht gemeint, die sich ändern lassen.*

In meinem letzten Buch *Wer regiert uns wirklich und was wird aus unseren Kindern?* bin ich auf dieses Thema näher eingegangen. Dennoch möchte ich sachbezogen auf dieses Thema auch in diesem Buch nicht das Wesentliche auslassen. Jeder, der sich mit diesem Thema noch nicht auseinandergesetzt hat oder einfach noch nicht damit konfrontiert wurde, benötigt mehr Informationen. Betrachten wir mal einfach den letzten Satz des Auszuges vom Bundesinnenministerium. *„Mit Gender sind also immer auch Vorstellungen von Geschlecht gemeint, die sich ändern lassen.“* Was soll das bedeuten? Mit Emanzipation hat das wenig zu tun. Ist da die Rede von Gleichstellung oder von Geschlechterwandel? Natürlich muss, besonders in den bildungsarmen Schichten, eine vernünftige, solide Aufklärung über unterschiedlichste sexuelle Neigungen vermittelt werden. Denn Diskriminierung hat immer etwas mit mangelnder Bildung zu tun. Doch die Auflösung der Gegensätzlichkeit sollte Anlass geben, dem Gender-Mainstream-Konzept kritisch gegenüberzustehen. Denn das Gender-Konzept beinhaltet u.a., dass in Kitas, Schulen und in Freizeiteinrichtungen verstärkt die Sexualität zum Thema werden soll. Rollenspiele, in denen die Kinder ausprobieren, welche sexuelle Neigung ihnen am Lieb-

Auszug aus dem Internetportal: Bundesinnenministerium für Familie, Senioren, Frauen und Jugend, Wissensnetz Bundesverwaltung

sten ist, sollen zum regelmäßigen Programm werden. Homo-, Bi- und transsexuelle Erzieher/innen werden nach dem Gender-Mainstream-Programm gezielt und verstärkt eingestellt. Diese werden so zum Instrument, um die Kinder geschlechtlich zu entwurzeln. Verständlich ist, dass es mit Sicherheit genug Leser geben wird, die das als völligen Schwachsinn abtun oder als überzogen betrachten. Doch genug Indizien existieren ganz offiziell und sind für jedermann zugänglich. Broschüren wie *Liebe verdient Respekt* oder *Fair zur Liebe* u.a. werden nach dem Gender-Konzept flächendeckend in Jugendeinrichtungen und Schulen verteilt. Inhaltlich geht es in solchen Broschüren darum, Toleranz für die Gleichgeschlechtlichkeit zu vermitteln. Was prinzipiell für jeden selbstverständlich sein sollte, aber durch mangelnde Bildung leider nicht gegeben ist. Dennoch geht es in diesen Broschüren um viel mehr. Schüler sollen durch einfache Rollenspiele, die in Form von Anleitungen in solch einer Broschüre zu finden sind, Erfahrungen machen, wie es einem ergeht, wenn er vom gleichgeschlechtlichen Mitschüler gestreichelt oder geküsst wird. Überzeugen Sie sich selbst. Neue Kitaprogramme, die nach dem Gender-Konzept gestrickt sind, beinhalten u.a., dass Jungen gezielt mit Mädchenkleidung und deren Spielzeug konfrontiert werden sollen und Mädchen dagegen mehr und mehr an Jungenspielsachen und deren Kleidung herangeführt werden. All das ist nur die Spitze vom Eisberg. Noch ganz andere Ziele werden verfolgt. Heterosexuelle werden in Zukunft Schwierigkeiten bekommen, wenn sie glauben, dass die auf Heterosexualität beruhende Ehe und die Familie als ein Fundament der Gesellschaft geschützt und gestärkt und als Leitprinzip vermittelt werden muss. Der, der dieses als Argument öffentlich vorträgt, kann dann wegen Diskriminierung kriminalisiert werden. Was bedeutet, Meinungs- und Religionsfreiheit sind aufgelöst, sie bestehen nicht mehr. Hierzu macht es Sinn, einen kleinen Auszug aus dem Internetportal *Das Lexikon zur neuen Weltordnung* zu zitieren.

Zum Gender-Paket gehören □

• *die völlige Gleichstellung, ja «Gleichheit» von Mann und Frau,*

• *die Auflösung der Geschlechtsidentität von Mann und Frau,*

• *die Bekämpfung der heterosexuellen Normativität, das heißt, die völlige rechtliche und soziale Gleichstellung, ja Privilegierung aller nicht heterosexuellen Lebensformen,*

• *die Abtreibung als «Menschenrecht», verschleiert mit dem Begriff «reproduktive Rechte»,*

• *die Sexualisierung der Kinder und Jugendlichen durch Sexunterricht als Pflichtfach. In der Schweiz droht die Gefahr, dass der obligatorische Sexunterricht durch den «Lehrplan 21» flächendeckend eingeführt wird.*

□ **Auszug aus dem Internetportal Das Lexikon zur neuen Weltordnung**

Wenn wir uns noch einmal daran erinnern, dass das Bundesinnenministerium sich das Gender – Mainstream-Programm zum europäischen Staatsauftrag gemacht hat, was so viel heißt, dass jedes europäisches Land verpflichtet ist, sich daran zu halten, und diesen Plan verfolgen muss, ist dies alles mehr als merkwürdig. Es wurde ein Programm ins Leben gerufen, das nicht nur Unsummen an Geld verschlingt, sondern gezielt zukünftige Generationen in ihrer sexuellen Entfaltung dermaßen beschneidet und beeinflusst, dass eine natürliche Entwicklung so nicht mehr möglich sein kann. Dies würde zwangsläufig zu einer sexuellen Entwurzelung führen und die geschlechtliche Desorientierung in die Köpfe der zukünftigen Menschen transplantieren. Welche Folgen das hat, kann sich jeder bewusste Mensch vorstellen. Die Sexualität wird Spielobjekt für jeden und ist außerdem noch äußerst lukrativ.

Völlig orientierungslose Menschen werden weder das Bedürfnis verspüren, Familien, wie wir sie im klassischen Stil kennen, gründen zu wollen, weil diese dann fast schon antiquarisch sind. Diese könnten unter Umständen sogar gesetzeswidrig werden; was wir heute als gesellschaftliches Fundament sehen, wie die Familie, bestehend aus Vater, Muttern und Kindern, wird dann der Vergangenheit angehören, ja sogar verpönt werden.

Sie glauben das alles nicht? Na gut, wussten Sie, dass das Schweizer Verfassungsgericht den Begriff Vater und Mutter als Diskriminierung abgestuft hat und einen neuen gemeinsamen Begriff ins Leben gerufen hat? An Stelle von Vater kommt jetzt Elter und an Stelle von Mutter kommt jetzt Elter. Ja, Sie haben sich nicht verlesen. Beide werden in Zukunft Elter genannt, Vater und Mutter dagegen werden zum Wortschatz der Diskriminierung zählen. Dass dies alles fast schon unwahrscheinlich klingt, glaube ich jedem, der sich bis dato mit diesem Gender-Mainstream-Konzept noch nicht näher auseinandergesetzt hat. Sogar Kollegen von mir, die lange im Dienst des Staates Jugendarbeit leisten, sind oft nur oberflächlich informiert, weil jede Art von Information plakativ die Diskriminierung in den Vordergrund stellt. Wir werden meist mit neuen Ordern konfrontiert, deren Überschriften plakativ die eigentlichen Inhalte verbergen. Vollgepackt mit zu vielen Aufgaben und Verantwortungen, werden die wesentlichen Inhalte übersehen. Jeder Versuch, dem Gender-Konzept argumentativ etwas entgegenzusetzen, stößt dann meist auf Widerstand. So nach dem Motto: Du hast zu viel Verschwörungsbücher gelesen und du bist völlig unrealistisch. Doch was macht die sogenannte Realität aus? Denken wir an die Entstehung einer Matrix, einer/ unserer Realität. Diese wird geschaffen durch eine Scheinwelt, die klare Interessen verfolgt. Wir sind lediglich Spielfiguren. Leider sind die meisten Menschen so eingebunden und geblendet von dieser Matrix, dass sie nichts anderes sehen können. Die eigenen Augen zu öffnen und mit diesen die wirkliche Welt zu sehen, bedeutet loszulassen und mündig zu werden. Ich gebe zu, dass dies nicht leicht ist.

Nonstop müssen wir Leistung bringen, um irgendwie uns und unsere Familie zu ernähren. Die Löhne sind so knapp, dass wir ständig sehen müssen, dass wir die wichtigsten Dinge bezahlen können. Immer mehr allein erziehende Eltern müssen ihre Kinder schon viel zu früh in die Kita stecken, so dass den Kindern die schönste, aber auch wichtigste Prägungszeit mit ihren Eltern verloren geht.

Dieser Mangel an Liebe und Zärtlichkeit führt zu einem Defizit, das ein Kind niemals wieder aufholen kann. Auch das wird durch politische Programme forciert. Auch Eltern, die zusammen bleiben, sind immer mehr gezwungen, wegen zu niedrigen Lohns beide zu arbeiten, um ihren Lebensunterhalt bestreiten zu können. Die Lebenskosten steigen und die Gehälter schrumpfen. Die Kinder frühzeitig in die Kita zu bringen, wird so zur Normalität. Es funktioniert alles nach Plan. Der Einfluss auf die Kleinen kann so systematisch, programmatisch durchgeführt werden. Die Entwurzelung der Familie und des Geschlechtes führt zur völligen Orientierungslosigkeit. Das Geschlecht wird deformiert und die Polarität verliert sich. Die Menschheit entwickelt sich zu einem Neutrum, das die Gabe zum Lieben und Glauben immer mehr verliert.

Erst die Verunsicherung und dann die Auflösung des Glaubens

Wie sieht es mit unserem Glauben aus? Jeder Glauben, egal, welcher Religion, stellt so etwas wie ein Fundament der Festigkeit dar. Eingebunden in eine Gemeinschaft, in der alle das gleiche Ziel verfolgen und gemeinsam den gleichen Weg gehen, fühlen wir uns gestärkt. Gemeinsam sind wir stark. Die Vorstellung von einem einheitlichen Gott lässt uns vereint wachsen, für eine ehrliche Sache, an der wir uns und unsere Kinder sich orientieren können. Von Anbeginn der Menschheit, egal, wann sie auch begann, ist der Glaube das Potential der Kraft, aus dem der Mensch unentwegt Energie schöpft. Diese, gepaart mit der individuellen Liebe zur Familie, lässt einen Menschen entstehen, der unverwundbar zu sein scheint. Gleich einem Schutzschirm legen sich der Glaube und die Liebe um den Menschen. Dezent kann der Mensch zwar durch unterschiedlichste Bakterien, Viren oder Chemikalien verletzt werden, aber eben nur verletzt bzw. krank gemacht werden. Er wird sich immer wieder erholen, sofern er einen starken Glauben und eine Liebe zu jemand besitzt. Betrachten wir nun all die Dinge, die ich auf den letzten Seiten beschrieben habe. Da war die Rede von der Bevölkerungsexplosion und der Ressourcen-

Knappheit, der künstlich erzeugten Angst vor allem Möglichen, wie z.B. der Klimaerwärmung, dem Terror und diversen Krankheiten wie Krebs, Asthma, Neurodermitis und anderen. Hinzu kommen die selbst erzeugte Weltwirtschaftslage und deren bewusst geschürte Unsicherheit.

Eine Matrix der Angst ist professionell geschaffen worden. Jeder fühlt sie. Jeder glaubt, diese sei die ultimative Wahrheit. Erinnern wir uns aber an die ersten Kapitel und setzen uns mit diesen noch einmal kurz auseinander, werden wir schnell nach Alternativen suchen, um den jetzigen Istzustand ändern zu wollen. Da war unter anderem die Rede von der freien geistigen Entwicklung des Bewusstseins. Außerdem von der bewussten Entwicklung der eigenen Matrix. Diese ist abhängig von unserer Vorstellungskraft, unserem unerschütterten Glauben daran und einer Liebe, für die es sich lohnt, die eigene Matrix zu entwerfen.

Betrachten wir den Glauben bzw. die unterschiedlichen Religionen heute, finden wir zwei Seiten der Betrachtung. Die eine aus der Sicht der jeweiligen Religion, wie sie sich selbst mit ihren Gläubigen darstellt. Diese beinhaltet, dass jede ehrliche Religion letztendlich die gleichen Ziele verfolgt. Liebevolles und ehrliches Miteinander, was am Ende die Zehn Gebote beinhalten. Die Religion wird aber auch aus einer anderen, zweiten Sicht heraus betrachtet, der glaubenslosen. Aus deren Blickwinkel versucht man sie zum Instrument werden zu lassen. Ein Instrument, um den Menschen zu manipulieren, zu lenken und ihm ein schlechtes Gewissen einzureden. Aus dieser Sicht lässt sich Politisch-Ökonomisches ableiten.

Man überzeugt die Menschen (Gläubigen), dass sie einen Grund haben, ein schlechtes Gewissen haben zu müssen. Und dieses können sie durch Schuldausgleiche wiedergutmachen. Spenden sind die beliebtesten ihrer Art. Früher kauften die Menschen noch sog. Ablässe, um sich ihrer Sünden zu entledigen. Heute ist es nicht viel anders. So ökonomisch kann Religion sein. Kommen wir aber zurück zur ehrlichen Religion, die wir aus der ersten Sicht betrachteten. In dieser werden Menschen gestärkt und vereint und dieser Glaube macht den Menschen widerstandsfähig und sinnhaft. Welche Religion, spielt hier keine Rolle. Hier geht es um das Glauben allgemein. Der Glaube ist als ein Fundamentales zu betrachten. Wir sind das, woran wir glauben. Unser Glaube übt Einfluss bis in die einzelne Zelle aus. Was bedeutet, wir leben und sterben mit und durch unseren Glauben. Ob Atheist oder Theist, spielt keine Rolle, beide glauben und dieser Glauben beeinflusst deren Leben.

Hierzu ein Fall, der Schlagzeilen machte. Ein Mitarbeiter aus der Verwaltung einer Tiefkostfirma wurde versehentlich am Freitagabend in einem Tiefkühlwagen eingeschlossen. Bei einer vermeintlichen Kontrolle schloss sich die Tür von innen, so dass der Mitarbeiter nicht mehr den Lieferwagen verlassen konnte. Mit dem Wissen, nun bis Montag früh in diesem Eiswagen eingesperrt zu sein, fand er sich damit ab zu erfrieren. Er begann Schritt für Schritt genauestens aufzuschreiben, wie er langsam erfriert. Montags früh fand man den Mitarbeiter erfroren im Eiswagen. Die sorgfältige Beschreibung seiner Erfrierung wurde in den Händen der Leiche gefunden und auch später gelesen. Doch der Haken dieser Geschichte war, dass der Eiswagen an diesem Wochenende überhaupt nicht in Betrieb war. Es herrschte in diesem Fahrzeug eine Temperatur von ca. 9-12 Grad plus. Der Verstorbene hatte einen Pullover und eine leichte Jacke an. Sein Glaube, in einem Eiswagen eingesperrt zu sein, war so stark, dass er davon überzeugt war zu erfrieren. In seinen Aufzeichnungen, die er mit einer kleinen Lampe an seinem Schlüsselbund machen konnte, beschrieb er sehr genau seinen Zustand der Erfrierung. Dieser Bericht wurde in Medizinerkreisen zum Fachbericht eines Erfrierenden. So viel zum Glauben. Hätte der Eingesperrte davon gewusst, hätte seine Schreiblust vielleicht einen interessanten Kurzroman entstehen lassen über das Eingesperrtsein in einem dunklen Wagen für drei Tage.

Wir sind immer am Glauben, egal, woran. Dieser Glauben dringt tief in uns ein, letztendlich bis in jede einzelne Zelle. Der Glaube selbst ist von größter Bedeutung und entscheidet mehr als unser rationelles Denkvermögen. Dennoch messen wir dem Verstand in der heutigen Zeit mehr Gewicht zu als dem Glauben. Ist der Mensch jedoch völlig orientierungslos, fällt es ihm besonders schwer, einen klaren Gedanken fassen zu können; er verliert immer mehr die Fähigkeit, sich nur auf eine Sache zu konzentrieren. Einzig und allein der Glaube und die Liebe verhelfen uns immer wieder neu dazu, uns auf einen Punkt fixieren zu können. Z.B. auf Gott, unseren Geliebten oder auf einen Traum, den wir verwirklichen wollen. Das Fokussieren gewinnt durch den Glauben und die Liebe an Bedeutung und Macht. Allein diese Fähigkeit zu glauben macht uns stark und widerstandsfähig und genau diese muss nach den Vorstellungen der Mächtigen zerstört werden. Und dafür ist jedes Mittel recht.

Die Religionen werden systematisch deformiert. Jede Religion auf ihre Art. Der Gläubige des Islam wird zum potentiellen Terrorist oder zumindest zum Fundamentalist abgestempelt, der kriegerische Absichten verfolgt. Der Gläubige in der katholischen Kirche wird zum konservativen Pädophilen degradiert. (Es werden Fälle in den Medien plakativ hervorgehoben, die schon in den 60ern und 70ern juristisch abgesegnet wurden, was nicht heißen soll, dass solche Übergriffe zu entschuldigen sind. Aber sie werden eben zum Instrument noch heutiger Medien.) Die allgemeine Verunsicherung wird vorsätzlich verbreitet.

Nicht anders ist es im Namen der Wissenschaft, wie z.B. in Steven Hawkings letztem Buch *Der große Entwurf*, in dem es heißt, Gott ist überflüssig, oder in Richard Dawkins' letztem Buch *Gottes Wahn*. Neben vielen anderen werden solche Bücher zum Bestseller plakatiert. Denken wir dabei an die Zeiten der Inquisition, wo die Wissenschaften von der Kirche legitimiert wurden und genau festgelegt waren. Die Macht über das Volk wurde auf zwei Ebenen aufgeteilt, die des Glaubens, die die Kirche kontrollierte, und die des Staates, des Königs und dessen uneingeschränkter Macht dem Volk gegenüber. Heute sieht das nicht sehr viel anders aus. Die Religionen werden zwar gezielt deformiert, dennoch soll ein neuer Glauben ins Leben gerufen werden. Der Glaube, dass es keinen Glauben gibt bzw. dass jede Religion wertlos, ja sogar gefährlich ist. Das schlechte Gewissen, (z. B. die Schuld an der Klimaerwärmung) und die Angst vor Bakterien und Terror werden aber am Leben erhalten. Zuzüglich und undurchsichtig kommt das Gender-Mainstream-Programm, das die Menschen langsam, aber sicher entwurzelt. Entwurzelt vom Glauben und der Liebe zur Familie und dem Partner. Zumindest unsere nächste Generationen, die schon viel zu früh in die Kitas gesteckt wird, um ein Manipulationsprogramm zu erleben. Anstelle dessen wächst die Orientierungslosigkeit in den Köpfen der zukünftigen Menschen, die so eine natürliche Mündigkeit nie erfahren werden. Eine allgemeine Orientierungslosigkeit und Entwurzelung sind ein Nährboden für den Zusammenbruch der Gesetzmäßigkeit und Ordnung, was automatisch zum Chaos führt, und dieses soll das Ziel sein.

Nach Chaos die Neuordnung

Das Chaos ist die beste Voraussetzung für jegliche Art von Neuordnung. Desto länger das Chaos anhält, desto mehr schreien die Menschen nach Ordnung, so dass dann fast jede angenommen wird. Werden die Menschen in die Anarchie getrieben, eröffnen sich für die Herrschenden fantastische Möglichkeiten. Das Volk sehnt sich unbedingt nach Regelungen und Gesetzen. Mit diesem Wissen im Hinterkopf der Mächtigen wird das Chaos vorsätzlich geschaffen. Derjenige, der Augen und Ohren öffnet, wird feststellen, dass wir uns bereits auf dem besten Weg dorthin bewegen. Zum einen werden bereits die Orientierungslosigkeit sowie die Entwurzelung in den Köpfen der Menschen eingepflanzt. Ferner werden die Menschen in einen Zustand der Hilflosigkeit gebracht, in dem sie permanent mit existentiellen Sorgen zu kämpfen haben. Wenn Sie glauben, das sei nicht geplant, dann sind Sie im Irrtum, denn diese finanzielle Umschichtung ist ein Teil vom Gesamtplan. Denn sich unaufhörlich sorgen zu müssen, lässt nicht frei denken und schränkt ungemein ein. Schnell werden dann Sündenböcke gesucht, um sich Luft zu verschaffen. Allgemeiner Ärger ist vorprogrammiert und wird zum Instrument, Chaos zu schaffen. Ärger entsteht besonders durch Ungerechtigkeiten, die ebenfalls forciert werden und durch die sich geschürter Hass erzeugen lässt. In meinem Buch *Wer regiert uns wirklich und was wird aus unseren Kindern?* habe ich über die vorsätzliche Dummhaltung der Menschen geschrieben. Wie schlechte bzw. mangelhafte Schulbildung zum großen Plan gehören.

Betrachten wir die derzeitige globale Entwicklung, zeigen sich klare Strukturen der Chaos-Entwicklung. Flüchtlingszuwanderer, die aus nordafrikanischen Ländern kommen, sind völlig perspektiv- und orientierungslos. Sie verlassen ihr Heimatland, das künstlich in den Aufstand und dann in den Ruin geführt wurde, weil ihnen dort das bereits erzeugte Chaos jede Art von Zukunft raubt. Mit der Hoffnung, in Europa sich und ihre Familien besser ernähren zu können, suchen sie bei uns eine neue Heimat. Was menschlich gesehen zu verstehen ist. Vorher waren die sog. Diktatoren dieser Länder gute Geschäftspartner, die u.a. dafür sorgten, den Zuwanderungsstrom zu kontrollieren. Heute sind es die Bösen, die bekämpft werden müssen. Die NATO-Truppen tun ihr Bestes. All das passt gut zum Plan. Europa hat inzwischen genug eigene Probleme, so dass die Zuwanderer wirtschaftlich und gesellschaftlich nicht mehr aufgefangen werden können. Der große Plan geht auf. Jeder kann abschätzen, wie sich Europa, ja eigentlich der ganze Planet weiterentwickeln wird. Noch mehr perspektivlose Menschen leben auf einem immer engeren Raum zusammengepfercht und rauben sich gegenseitig die Nerven. Gettos und Banden werden immer mehr gebildet und die Kriminalität steigt astronomisch an.

Parallel laufend entsteht eine versnobte Welt voller Luxus und Dekadenz. Diese jedoch muss inzwischen auch immer mehr für Sicherheitspersonal und Überwachungstechniken ausgeben, um so überleben zu können. Doch das alles ist lediglich die Spitze des Eisberges. Das totale Chaos sieht anders aus. Erst wird jedes Zahlungsmittel entwertet, dann werden alle Lebensmittel-Zulieferanten nicht mehr liefern, was zu einer Lebensmittelknappheit führt, und die Kommunikationsmedien werden für einige Zeit schweigen. Internet und Handys werden für längere Zeit nicht mehr funktionieren. Alles bricht zusammen. Hamsterfahrten wie nach dem Zweiten Weltkrieg werden zur Normalität und Raubzüge gehören dann zum Alltag. Bauern und Landwirte werden sich, ihre Tiere und Ernte mit aller Kraft vor Räubern schützen müssen. Das totale Chaos beherrscht die Welt und jeder sehnt sich nach einer Neuordnung, nach Gesetzen, die ein Leben wieder lebenswert werden lassen. Da in solch einem Fall der Ausnahmezustand und mit höchster Wahrscheinlichkeit auch das Kriegsrecht herrschen, existieren keine herkömmlichen Gesetze mehr, wie wir sie kennen. Was bedeutet, eine Neuordnung kann und wird dann völlig neu gestrickt sein. Erinnern wir uns an die Vergangenheit und deren Sklaventreiben sowie die Weiterentwicklung der Sklaverei bis in unsere heutige Zeit. In den vergangenen Zeiten wurde immer ein Land erst in das Chaos geführt, um dort anschließend ein neues System einzuführen. Meist waren es Kriege, die zum anschließenden Hunger und zur Anarchie führten. Jede Neuordnung wurde so schnell akzeptiert. Heute aber geht es nicht nur um ein Land, heute geht es um den gesamten Planeten, der erst einmal ins Chaos gestürzt werden soll. Die vorgespielten Bankenpleiten und die Abzocke der Spekulanten sollen die Menschen glauben lassen, es wird ehrlich um den Wohlstand der Menschen gekämpft. Liebe Leser, auch oder gerade das gehört ebenfalls zum großen Plan. Das Chaos ist nicht mehr abzuwenden.

III. Kapitel
Die Alternative
Die Strategie der Elite

Anonymität heißt aus dem Verborgenen agieren zu können. Niemand kennt einen und jede Aktion wird anderen zugeschrieben. In diesem Kapitel erlaube ich mir doch, einiges aus dem Internet zu zitieren. Ich glaube, es macht Sinn, wenigstens ein paar Hintergrundinformationen zu kennen, was bestimmte Personen offiziell darstellen und im Geheimen praktizieren und wofür sie verantwortlich zu machen sind. Hier ein Beispiel, das zur Gründung der Bilderberger und deren Machenschaften auf allen Ebenen ein Profil offenbart.

Zu den europäischen Gründern der Bilderberg-Gruppe gehören Joseph Retinger und Prinz Bernhard der Niederlande. Letzterer war bis 1934, also bis drei Jahre vor seiner Hochzeit mit der holländischen Königin Juliana, Mitglied der NSDAP und arbeitete auch für den deutschen Industriekonzern IG Farben, der das Gas Zyklon B herstellte, das in den Konzentrationslagern eingesetzt wurde. Auf amerikanischer Seite gehörten David Rockefeller, Dean Rusk (ein hochrangiger Vertreter des Council on Foreign Relations, der damals die Rockefeller-Stiftung leitete), Joseph Johnson (ein weiterer Führungsvertreter des Councils, der damals die Carnegie Endwoment leitete) und John McCloy (ebenfalls aus der Führungsgruppe des Councils, der 1953 Vorstandschef der

Chase Manhattan wurde und auch dem Vorstand der Ford-Stiftung angehörte) zu den prominenten Gründungsmitgliedern.

In den öffentlichen Medien werden die Prominenten meist als charmante adlige Familien dargestellt, deren Glanz noch live in den Fernseher übertragen wird. Die Straßen sind dann voll von mit Fähnchen winkenden Menschen, die sich freuen, einen echten König oder eine Prinzessin sehen zu dürfen. Diese wiederum freuen sich über so viel Naivität der breiten Masse. Weil ich es für wichtig halte, möchte ich Ihnen eine Liste von hochrangigen Personen, die regelmäßig an solchen Bilderberger-Treffen teilnehmen, nichtvorenthalten. Diese Liste enthält viele Namen und Verknüpfungen, die es einem leicht machen, selbst ein wenig zu recherchieren.

Monarchen:

Königin Beatrix der Niederlande, *bisherige Bilderberg-Teilnahme: 1997, 2000, 2006, 2008, 2009, 2010 Langzeitmitglied des Club of Rome. Die niederländische Königsfamilie gehört zu den Großaktionären des Shell-Konzerns. Königin Beatrix wird in den Medien gelegentlich zu den reichsten Frauen der Welt gezählt.*

 Auszug aus dem Internet-Forum *True Words*

Kronprinz Haakon, *norwegischer Thronfolger. Als Ururenkel von Eduard VII. steht er an 68. Stelle der Thronfolge im Vereinigten Königreich.*

Königin Sofia von Spanien, *bisherige Bilderberg-Teilnahme: 2008, 2009, 2010 Wikipedia: Sophia von Griechenland, voller Name: Sophia Margarita Victoria Friederika Schleswig-Holstein-Sonderburg-Glücksburg Hannover, Herzogin von Braunschweig-Lüneburg, Prinzessin von Griechenland und Dänemark, span. Sofía de Grecia, ist die Königin von Spanien. Ehrenmitglied im Club of Rome.*

Führende IT-/Internetkonzerne:

Jeffrey Preston „Jeff" Bezos Amazon.com
(Gründer und Geschäftsführer)

Eric Schmidt
bisherige Bilderberg-Teilnahme: 2008, 2010
Google *(Geschäftsführer bis April 2011)*
Sun Microsystems *(ehem. Technischer Leiter)*
Novell *(ehem. Geschäftsführer)*
Apple *(ehem. Mitglied der Unternehmensführung)*
Stanford University *(Dozent)*

Craig Mundie
bisherige Bilderberg-Teilnahme: 2009, 2010
Microsoft *(Forschungs- und Technologiechef, Strategie-Verantwortlicher), Befürworter des "Trustworthy Computing"*

und des "Digital Rights Management" (DRM). Er befürwortet außerdem, dass Individuen eine Zulassung erhalten müssen, bevor sie sich ins Internet begeben dürfen.

Chris Hughes Facebook.com *(Mitbegründer)*
Wikipedia: 2007 verließ er Facebook, um den Präsidentschaftswahlkampf von Barack Obama zu unterstützen. Er koordinierte die Website My. BarackObama.com (kurz „MyBO"). Über eine Million von Obamas Anhängern nutzten die Plattform, um sich untereinander zu vernetzen, zu diskutieren und Aktionsgruppen zu bilden.

In den USA gilt Hughes als genialer Kopf hinter der Online-Strategie der heutigen US Präsidenten.

Großbanken/Zentralbanken:
David Rockefeller
bisherige Bilderberg-Teilnahme: 1954 - heute
Bilderberg *(Gründungsmitglied, Mitglied auf Lebenszeit und Mitglied des Lenkungsausschusses)*
Trilaterale Komission *(Gründer, (Ehren-)Vorsitzender)*
Council on Foreign Relations *((Ehren-) Vorsitzender)*
Warsh, Kevin, Former Governor, Federal Reserve Board Rothensteiner, Walter, Chairman of the Board, Raiffeisen Zentralbank Österreich AG Rudolf Scholten, Member of the Board of Executive Directors, Österreichische Kontrollbank AG Carney, Mark J., Governor, Bank of Canada Clark, Edmund, President and CEO, TD Bank Financial Group

Jean-Claude Trichet

bisherige Bilderberg-Teilnahme: 1995, 1999, 2000, 2001, 2003, 2004, 2005, 2009, 2010, 2011, 2012 bis heute

Europäische Zentralbank (EZB) *(Präsident seit 2003) Coene, Luc, Governor, National Bank of Belgium Schütze, Peter, Member of the Executive Management, Nordea Bank AB*

Josef Ackermann

bisherige Bilderberg-Teilnahme: 1995, 2004, 2005, 2008, 2009, 2010 seit 2010 im Organisationskomitee der Bilderberg-Konferenzen Mitglied der Trilateral Commission

Deutsche Bank *(Vorsitzender des Vorstands und des Group Executive Committee)* Siemens *(zweiter stellvertretender Vorsitzender des Aufsichtsrats)*

Royal Dutch Shell *(Aufsichtsrat)*

Bayer *(Aufsichtsrat)*

Lufthansa *(ehem. Aufsichtsrat)*

Linde *(ehem. Aufsichtsrat) Die jüdische Zeitung Haaretz nennt Ackermann einen „der herausragendsten Juden auf dem deutschen Finanzsektor". Ex-IWF-Chefökonom Simon Johnson: „Josef Ackermann ist einer der gefährlichsten Bankmanager der Welt". Agius, Marcus, Chairman, Barclays PLC Flint, Douglas J., Group Chairman, HSBC Holdings*

Robert Zoellick

bisherige Bilderberg-Teilnahme: 2007, 2008, 2009, 2010, bis heute

Mitglied der Trilateralen Komission

Weltbank *(Präsident seit 2007) Sutherland, Peter D., Chairman, Goldman Sachs International Wallenberg, Jacob, Chairman, Investor AB Jacobs, Kenneth M., Chairman & CEO, Lazard Jordan, Jr., Vernon E., Senior Managing Director, Lazard Frères & Co. LLC*

Peter R. Orszag

Mitglied des Council on Foreign Relations

City Group *(stellv. Vorsitzender)*

New York Times *(Kolumnist)*

Bloomberg View *(Kolumnist)* Direktor des Office of Management and Budget *im Kabinett von US-Präsident Barack Obama Thiel, Peter A., President, Clarium Capital Management, LLC Hardouvelis Gikas A., Chief Economist and Head of Research, Eurobank EFG*

Politik/Regierungen/Behörden:

John Kerr *(Baron Kerr of Kinlochard)*

bisherige Bilderberg-Teilnahme: 2003, 2004, 2005, 2006, 2007, 2008, 2009, 2010 Mitglied der Trilateral Commission

Royal Dutch Shell *(stellvertretender Vorsitzender)*

Rio Tinto *(ehem. Leiter), ehem. britischer Botschafter in den USA und Botschafter/permanenter Repräsentant in der EU Davignon, Etienne, Minister of State Fu, Ying, Vice Minister of Foreign Affairs*

Peer Steinbrück

Mitglied des Deutschen Bundestages, Finanzminister (2005 – 2009) Ministerpräsident von Nordrhein-Westfalen (2002 – 2005)

Thyssen Krupp *(Aufsichtsrat)*

Borussia Dortmund *(Aufsichtsrat)*

Evangelische Kirche in Deutschland (EKD)

(Mitglied der Kammer für soziale Ordnung).

Peer Steinbrück ist Urgroßneffe eines Mitbegründers der Deutschen Bank, Adelbert Delbrück. 2007 wurde Steinbrück für die Einführung der lebenslang gültigen Steuer-Identifikationsnummer für alle Einwohner Deutschlands der Negativpreis Big Brother Award verliehen. Mandelson, Peter, Member, House of Lords; Chairman, Global Counsel Osborne, George, Chancellor of the Exchequer Stewart, Rory, Member of Parliament Papaconstantinou, George, Minister of Finance Almunia, Joaquín, Vice President, European Commission Daele, Frans van, Chief of Staff to the President of the European Council Kroes, Neelie, Vice President, European Commission; Commissioner for Digital Agenda Lamy, Pascal, Director General, World Trade Organization

Herman Van Rompuy, *erster ständiger Präsident des Europäischen Rates (designiert am 19. November 2009)*

Sheeran, Josette, Executive Director, United Nations World Food Programme

Tremonti, Giulio, Minister of Economy and Finance

Gallagher, Paul, Senior Counsel; Former Attorney

General Mc Dowell, Michael, Senior Counsel, Law Library;

Former Deputy Prime Minister Rosenthal, Uri, Minister of Foreign Affairs Solberg, Erna, Leader of the Conservative Party Faymann, Werner, Federal Chancellor Bildt, Carl, Minister of Foreign Affairs Björling, Ewa, Minister for Trade Janom Steiner, Barbara, Head of the Department of Justice, Security and Health, Canton Leuthard, Doris, Federal Councillor Schmid, Martin, President, Government of the Canton Grisons Schweiger, Rolf, Ständerat Cospedal, María Dolores de, Secretary General, Partido Popular León Gross, Bernardino, Secretary General of the Spanish Presidency Gülek Domac, Tayyibe, Former Minister of State Rubin, Robert E., Co-Chairman, Council on Foreign Relations; Former Secretary of the Treasury Steinberg, James B., Deputy Secretary of State

Medien:

Matthias Nass

bisherige Bilderberg-Teilnahme: 1997, 1998, 1999, 2000, 2001, 2003, 2004, 2005, 2006, 2007, 2008, 2009

Die Zeit *(stellvertretender Chefredakteur) Pentikäinen, Mikael, Publisher and Senior Editor-in-Chief, Helsingin Sanomat Lévy, Maurice, Chairman and CEO, Publicis Groupe S.A. Reisman, Heather, Chair and CEO, Indigo Books & Music Inc. Center, Brookings Institution Micklethwait, John, Editor-in-Chief, The Economist Chavannes, Marc E., Political Columnist, NRC Handelsblad; Professor of Journalism Bronner, Oscar, CEO and Publisher, Standard Medien AG*

Balsemão, Francisco Pinto, Chairman and CEO,

IMPRESA, S.G.P.S.; Former Prime Minister
Ferreira Alves, Clara, CEO, Claref LDA; writer
Rose, Charlie, Executive Editor and Anchor, Charlie Rose

Führende Akademiker:
Huang, Yiping, Professor of Economics, China Center for Economic Research, Peking University Roy, Olivier, Professor of Social and Political Theory, European University Institute Orbinksi, James, Professor of Medicine and Political Science, University of Toronto Halberstadt, Victor, Professor of Economics, Leiden University; Former Honorary Secretary General of Bilderberg Meetings Ottersen, Ole Petter, Rector, University of Oslo Feldstein, Martin S., George F. Baker Professor of Economics, Harvard University

Industrie:
Thomas Enders
bisherige Bilderberg-Teilnahme: 2009, 2010
Airbus *(Geschäftsführer)*
EADS *(ehem. Geschäftsführer)*
BP Deutschland *(Aufsichtsrat)*
Dornier *(Vorsitzender des Aufsichtsrats)*
CSU-Mitglied (bis zum März 2011)
Major der Reserve (milit. Rang)

Peter Löscher
bisherige Bilderberg-Teilnahme: 2009, 2010 Siemens *(Geschäftsführer)*
Merck & Co. *(ehem. Marketingvorstand)*

General Electric Healthcare *(ehem. Mitglied des Zentralvorstandes)*
Aventis Pharma *(ehem. Hauptabteilungsleiter)*
Hoechst *(ehem. Abteilungsleiter) Apunen, Matti, Director, Finnish Business and Policy*
Forum EVA Johansson, Ole, Chairman, Confederation of the Finnish Industries EK

John Elkann
bisherige Bilderberg-Teilnahme: 2005, 2010
Fiat (Alfa Romeo, Ferrari, Maserati, und Lancia) *(Präsident)*
Peter Brabeck-Letmathe
Nestlé *(Geschäftsführer bis 2008/Präsident des Verwaltungsrates)*
Credit Suisse Group *(Verwaltungsrat)*
L'Oréal *(Verwaltungsrat)*
Exxon Mobil *(Verwaltungsrat)*
European Round Table of Industrialists *(Mitglied)*
Weltwirtschaftsforum (World Economic Forum) *(Mitglied des Stiftungsrats)*

Peter Brabeck-Letmathe ist außerdem der Typ, der im Interview am Ende von "We Feed the World" sagt: Die Idee, dass Wasser ein grundlegendes Menschenrecht ist, ist ‚extrem' und er glaube, dass Wasser einen Wert haben sollte wie jedes andere Nahrungsmittel.

Hans Groth

Pfizer Europe *(Abteilungsdirektor, Gesundheitspolitik & Marktzugang, Unternehmenseinheit Onkologie)*

Daniel Vasella

bisherige Bilderberg-Teilnahme: 2010

Novartis *(Geschäftsführer bis 2010 – jetzt „nur" noch Verwaltungsratspräsident)*

Pepsi Co Inc. *(Unternehmensführung)*

Alcon *(Verwaltungsratspräsident)*

Klaus Kleinfeld

bisherige Bilderberg-Teilnahme: 2005, 2007, 2009, 2010

Alcoa *(Geschäftsführer)* Siemens *(ehem. Geschäftsführer)*

Weitere, aus Zeitgründen noch nicht eindeutig zugeordnete Teilnehmer:

Leysen, Thomas, Chairman, Umicore Federspiel, Ulrik, Vice President, Global Affairs, Hal 143 *dor Topsøe A/S Baverez, Nicolas, Partner, Gibson, Dunn & Crutcher LLP Bazire, Nicolas, Managing Director, Groupe Arnault /LVMH Castries, Henri de, Chairman and CEO, AXA Montbrial, 'Thierry de, President, French Institute for International Relations Lambert, Richard, Independent Non-Executive Director, Ernst & Young Tsoukalis, Loukas, President, ELIAMEP Grisons Solana Madariaga, Javier, President, ESAD Egeo Center for Global Economy and Geopolitics Monti, Mario, President, Univers Commerciale Luigi Bocconi Scaroni, Paolo, CEO, Eni S.p.A.*

Prichard, J. Robert S., Chair, Torys LLP
Bolland, Marc J., Chief Executive, Marks and Spencer Group plc Winter, Jaap W., Partner, De Brauw Blackstone Westbroek Myklebust, Egil, Former Chairman of the Board of Directors SAS, sk Hydro ASA
Nogueira Leite, António, Member of the Board, José de Mello Investimentos, SGPS, SA Mordashov, Alexey A., CEO, Severstal Schweden Kudelski, André, Chairman and CEO, Kudelski Group SA Soiron, Rolf, Chairman of the Board, Holcim Ltd., Lonza Ltd. Witmer, Jürg, Chairman, Givaudan SA and Clariant AG Cebrián, Juan Luis, CEO, PRISA
Nin Génova, Juan María, President and CEO, La Caixa
Ciliv, Süreyya, CEO, Turkcell Iletisim Hizmetleri A.S.
Koç, Mustafa V., Chairman, Koç Holding A.S.
Pekin, Sefika, Founding Partner, Pekin & Bayar Law Firm
Altman, Roger C., Chairman, Evercore Partners Inc.
Collins, Timothy C., CEO, Ripplewood Holdings, LLC
Johnson, James A., Vice Chairman, Perseus, LLC
Keane, John M., Senior Partner, SCP Partners; General, US Army, Retired

Kissinger, Henry A., *Chairman, Kissinger Associates, Inc.*

Kravis, Henry R.*, Co-Chairman and co-CEO, Kohlberg Kravis, Roberts & Co.*
Kravis, Marie-Josée, Senior Fellow, Hudson Institute, Inc.
Li, Cheng, Senior Fellow and Director of Research, John L. Thornton China Center, Brookings Institution

Perle, Richard N., *Resident Fellow, American Enterprise Institute for Public Policy Research*
Vaupel, James W., Founding Director, Max Planck Institute for Demographic Research
Varney, Christine A., Assistant Attorney General for Antitrust
Wolfensohn, James D., Chairman, Wolfensohn & Company, LLC9.

Diese Liste einflussreichster Menschen zeigt uns schon die Übermacht dem normalen Volk gegenüber. Letztendlich sind dort all die, die in bestimmenden Funktionen vertreten sind. Machen wir uns wirklich die Mühe und schauen uns die Liste genauer an, erkennen wir, wie gut die Mächtigen vernetzt und strukturiert sind. Sie haben alle Hebel der Macht in ihren Händen. Sie sind es, die im Verborgenen die Welt lenken. Raffiniert durchdacht schicken sie andere in das Rampenlicht der Medienbühne. Politiker, parlamentarisch vom Volk gewählte Abgeordnete sollen den Anschein erwecken, als hätten sie wirklich die Macht, etwas zu lenken. Das Volk kann ja, wenn es unzufrieden ist, einfach andere Politiker, andere Parteien wählen und damit zeigen, dass es so mitentscheiden kann bzw. Einfluss auf das große Geschehen hat. Die wirklichen Mächtigen bleiben im Verborgenen und können ungestört weiter planen. Dennoch gelingt ihnen nicht alles so, wie sie es gern hätten. Ihre auf Lügen aufgebaute Matrix beginnt immer mehr zu bröseln. Was nicht mehr aufzuhalten ist. Verantwortlich dafür ist eine neue Kraft der Spiritualität, die sich parallel zu alledem entwickelte. Eine Kraft des freien Geistes, der Liebe und des Glaubens.

Marionetten und Sklaven müssen nicht sein

Aus dem vergangenen Kapitel wissen wir, dass den Menschen seit Anbeginn seiner Geschichte die Sklaverei auferlegt wurde. Es änderten sich lediglich die Formen der Sklaverei. Nie aber die Absicht. Die Herrschenden bauten ihre Macht auf dem Rücken der Menschheit auf. Das Resultat kennen wir alle, wir müssen uns nur umschauen. Nun ist die Zeit des Umbruchs. Viele Zeichen lassen erkennen, dass wir kurz vor einer globalen, epochalen Wende stehen. Einer Wende auf allen Ebenen. Insbesondere die eines neuen Bewusstseins, das sich in die Menschen schleicht. Zwangsläufig auch in die Köpfe der Mächtigen. Erinnern wir uns an diese kleine Horrorgeschichte, in der die Menschen durch angebliche Impfungen flächendeckend vergiftet werden sollen. So etwas wünscht sich mit Sicherheit niemand, denn solch ein Schreckensszenarium wäre zu vergleichen mit einem Tiger, der mit dem Rücken an der Wand steht und sich verzweifelt versucht zu wehren. Wenn die Mächtigen Menschen sind (?), dann werden auch sie erkennen müssen, dass ihr Spiel so wie bisher nicht weitergehen kann bzw. dass es so keine Zukunft für den Planeten geben wird.

Jede Art der Entwicklung ist in Wirklichkeit eine Entwicklung des Bewusstseins. Das Bewusstsein der Masse ist in der Regel noch ziemlich jung und unerfahren. Das der Mächtigen sollte eigentlich weiter sein, es scheint aber, in Anbetracht deren Verhaltens, vom Prinzip nicht sehr viel anders zu sein, denn deren machtorientiertes Handeln gleicht dem des kleinen Mannes. Gerade das noch junge Bewusstsein eines Menschen verhält sich grundsätzlich egoistisch und versucht, mit dem Kopf durch die Wand seinen Willen durchsetzen zu wollen. Ein ichbezogenes Grundbedürfnis scheint die Triebkraft zu sein, auf Teufel komm raus nur an sich zu denken und danach zu handeln. Ich bin davon überzeugt, dass auch den Mächtigen zu oft diese auf Lügen aufgebaute Welt zuwider ist. Ein erweitertes Bewusstsein würde bedeuteten, freiwillig Abstand vom alten herrschenden System nehmen zu wollen. Ständig negativ zu sein, kostet Energie und Nerven. Außerdem ist man ständig in Zugzwang.

Menschen, die auf Bühnen stehen und andere mit Musik oder anderen künstlerischen Attraktionen erfreuen, bekommen Applaus und werden verehrt. Sie brauchen keine Bodyguards. Die Mächtigen und Politiker (die von den meisten als Mächtige gesehen werden) können ihr Haus ohne Sicherheitskräfte gar nicht erst verlassen. Gutes tun macht frei und befriedigt. Der Mensch könnte in Harmonie mit sich und seiner Umwelt leben. Der Dümmste könnte gefördert und gesellschaftlich aufgefangen und integriert werden. Die Obrigkeit bräuchte keine Sklaven mehr, wenn sie sich für ein erweitertes

Bewusstsein öffnet und sich auf deren Entwicklung einlassen würde. Wie schön wäre es, wenn sie geliebt und verehrt werden würde. Wenn die Menschheit mit Stolz auf ihre Führer blicken könnten und sie sogar lobend bejubeln. Hass, Neid und Gier würden an Bedeutung verlieren und aus dem Alltag verbannt werden. Die Sklaverei würde zum antiquarischen Relikt werden. Bei diesen Zeilen werden mit Sicherheit einige Leser denken, welch ein Träumer, der so etwas schreibt. Aber öffnen Sie die Augen und sehen Sie die neuen Bewegungen, Menschen mit erweitertem Bewusstsein. Sie zeigen uns z.B. in *Bleep*, einem Forum, ins Leben gerufen von Quantenphysikern, Philosophen, Religiösen und anderen aktiven Menschen, wozu der Mensch im Positiven fähig sein kann. Die Macht des Glaubens, gepaart mit Liebe, lässt alles schaffen. Sie stellt quasi die Essenz der Schöpfung dar. Der Gedanke ist die Wurzel der Realität, der Glaube die Nahrung der Realität. Wir sind in der Lage, uns unsere Welt zu modellieren. Wir sind Geschöpfe und Schöpfer in einem.

Die Physik der Wellen

Das gesamte Universum, der Mikro- wie der Makro-Kosmos, besteht aus Materie und freier Energie. Diese agiert und reagiert im Wechselspiel zueinander. Wir wissen auch, dass die Materie lediglich komprimierte Energie ist und sich in diesem Zustand anders als freie Energie verhält. Energie breitet sich naturbezogen grundsätzlich wellenförmig im Raum aus und verhält sich prinzipiell immer gleich. Da alle Lebewesen einschließlich der Menschen aus Materie und Energie bestehen, unterliegen wir alle den gleichen physikalischen Gesetzen. Wir strahlen (senden) Wellen aus und empfangen solche nonstop.

In meinem Buch *Wer regiert uns wirklich und was wird aus unseren Kindern?* war die Rede von konstruktiver und destruktiver Interferenz. Treffen Wellen aufeinander, können sie sich gegenseitig aufbauen und an Energie gewinnen, dies wäre eine konstruktive Interferenz. Das Gegenteil ist, wenn sich zwei Wellen ihre Eigendynamik rauben und so an Energie verlieren; dies wäre eine destruktive Interferenz. Das gesamte Dasein unterliegt diesem Gesetz. Niemand kann sich dem entziehen. Es besteht universell die Möglichkeit, einen Dominoeffekt in die eine oder andere Richtung in Gang zu setzen. Ein kleines Beispiel soll zum besseren Verständnis beitragen. Wir entscheiden uns für den Weg des geringsten Widerstands und vernachlässigen unser Selbst. Wir bewegen uns zu wenig, ernähren uns mangelhaft bis schlecht und unsere körperliche Pflege lässt ebenfalls zu wünschen übrig. Daraufhin würden wir im Laufe der Zeit gesellschaftlich immer weniger Erfolgserlebnisse erfahren und wir würden unbewusst diesen Mangel versuchen zu kompensieren, indem wir schlechte Angewohnheiten annehmen. Im Laufe der Zeit ist der persönliche Verlust des Erfolges so angewachsen, dass das Lebensgefühl frustrierend wird. Die innere Einstellung zum Leben, die sich adäquat in der äußeren Haltung widerspiegelt, zeigt diesen Frust durch körperliche Fehlhaltungen wie zum Beispiel hängende Schultern. Dieser Zustand hängender Schultern führt zum Einknicken des Brustwirbels. Dies wiederum führt dazu, dass beim Einatmen die Interkostal-Muskulatur nicht in der Lage ist, die Rippen ausreichend auseinanderzubiegen, um genügend Platz für eine ausdehnende Lunge zu schaffen. Zum einen erschlaffen dann die Brust-, Nacken und Schultermuskulatur und zum anderen findet durch eine schlechte Atmung ein unzureichender Stoffwechsel statt. Ein schlechter Stoffwechsel bedeutet weniger Sauerstoff aufzunehmen oder viel Energie dafür investieren zu müssen und weniger verbrauchte Luft (Kohlendioxid) durch eine schlechte Atmungsfähigkeit wieder abzugeben. Im Körper sammeln sich im Laufe der Zeit wahre Mülldeponien, was zwangsläufig dazu führt, dass wir schneller erkranken. Dieser Dominoeffekt ist noch sehr vereinfacht dargestellt, denn ich habe viele Nebenerscheinungen wie z. B. das daraus entstehende Übergewicht und dessen Folgen völlig ausgelassen. Wie sieht es aber mit dem Dominoeffekt aus, wenn wir diesen in die andere Richtung verfolgen? Wir entscheiden uns, den Weg des Fleißes zu gehen, aktiv zu sein und uns über die eigenen Erfolge zu erfreuen. Wir nutzen die Zeit und erfreuen uns am Gelungenen. Unser Erfolg hebt uns hoch und unsere innere Einstellung spiegelt auch hier adäquat unsere körperliche Haltung wider. Wir bewegen uns aufrecht durchs Leben und atmen voller Kraft der Freude und des Gelingens. Beflügelt vom Erfolg, gehen wir mit Befriedigung neue Dinge an. Wir strahlen positive Energie aus. Wir erleben gesellschaftliche Erfolgserlebnisse und genießen deren Entwicklung. Ein Erfolg knüpft an den anderen an. Wir sind rundum zufrieden, gesundheitlich geht es uns hervorragend. Erinnern wir uns an konstruktive und destruktive Interferenzen als Schwingungen, die jeder aussendet und empfängt und die im Wechselspiel miteinander figurieren. Diese physikalischen Gesetze sind universell und stellen eine nicht gleich sichtbare, aber dennoch reale Kommunikation dar, der sich niemand entziehen kann. Besonders kleine bzw. junge Menschen reagieren äußerst sensibel auf diese Schwingungen und erkennen ehrliche Absichten. Den Mächtigen oder deren Handlangern fällt es immer schwerer, Menschen mit erhöhter Sensibilität an die Nase herumzuführen. Immer mehr Menschen gelingt es, sich zu sensibilisieren und eine Affinität zu entwickeln, die sogenannte Realität anders wahrzunehmen. Die Entwicklung des Bewusstseins eröffnet neue Sichtweisen und lässt alte fast schon lächerlich erscheinen. Allein das sind Gründe zur Annahme, dass es nur noch eine Frage der Zeit ist, wann die Wende eintritt. Die Mächtigen geraten immer mehr in Zugzwang. Ihnen bleibt keine Zeit mehr, sie haben nur noch zwei Möglichkeiten. Die eine wäre die, sich wie ein Tiger, der mit dem Rücken an der Wand steht, zu verhalten und so viel Schaden wie möglich zu verursachen, bevor er aufgibt. Die zweite wäre die flexible Anpassung des erweiterten Bewusstseins.

Das Ende des Alten

Es liegt in der Natur des Wesens, Wiederholungen zur Gewohnheit werden zu lassen. Wir handeln meistens aus der Gewohnheit heraus. Alltägliche Dinge werden motorisiert, um uns den normalen Ablauf zu vereinfachen. So sparen wir Energie, weil vieles automatisch abläuft. Es macht Sinn und vereinfacht das Leben. Solche Mechanismen erhöhen die Effizienz des Daseins. Dennoch haben sie einen Haken, sie führen dazu, dass der Mensch schnell der Gewohnheit verfällt. Er verliert zu oft das Bedürfnis, sich weiterentwickeln zu wollen. Er wird zu einem Gewohnheitstier. Ein Herauskommen bedarf harter Arbeit bzw. viel Disziplin und Energie. In allen Lebenslagen finden wir solche eingepflanzten Mechanismen, die zur permanenten Wiederholung führen. In der Partnerschaft, in der Ausführung unseres Berufes sowie in unserer Freizeitgestaltung. Auf die eine Art ist das gut, aber auf der anderen Seite führt dies zur Ausbremsung der eigenen Ideen und Aktivitäten, da wir zu schnell der alltäglichen Gewohnheit verfallen. Auch dies ist den Mächtigen bekannt. Die gesamte Industrie, die Unterhaltungsbranche und die Medien sind darauf geeicht, den Menschen zu einem Gewohnheitskonsumenten zu machen.

Nicht nur die Bequemlichkeit soll zur Gewohnheit werden, sondern das Gesamtverhalten des Menschen soll zur Anpassung führen. Jede Art von Nachrichten wird so zur Angleichung und verliert sich in der Bequemlichkeit. Wir gewöhnen uns daran, dass es immer mehr Ungerechtigkeit gibt, weil man uns kurz nach einer negativen Berichterstattung gleich zuknallt mit irgendeinem Ablenkungsszenarium wie *Promidinner*, *Wer wird Millionär*, *Wetten dass* sowie den täglichen schwachsinnigen Serien, mit denen die Menschen nonstop betäubt werden. Aus diesem Koma zu erwachen ist nicht einfach, der Mensch befindet sich im Tiefschlaf und ihn da rauszuholen, schafft erst einmal Verwirrung in den Köpfen. Diese Verwirrung zeigt sich in dem Moment, wo Weltbilder ins Bewusstsein dringen, die nicht zur eigenen Lebensanschauung passen, die anstrengend werden und verunsichern und uns aus unserer Gewohnheit reißen. Dies stellt den Wendepunkt einer Persönlichkeit dar, sich vom Alten zu lösen. Vor solch einem Wendepunkt steht momentan die gesamte Menschheit, die erst lernen muss, sich für Neues zu öffnen und alte Gewohnheiten abzulegen. Ein erweitertes Bewusstsein ist gefragt und heute nötiger denn je. Das Ende des Alten rückt immer näher und das fühlen auch die, die derzeit das Zepter der Macht in den Händen halten. Was können sie dem entgegenhalten? Nichts. Immer mehr wird verkrampft versucht, die Lügen der Welt aufrechtzuhalten. Doch das kostet enorme Energie, und obwohl die Mächtigen sehr viel Wirkungsfähigkeit besitzen, kommen sie immer mehr in Zugzwang. Der Kurs wie bisher hat keine Zukunft mehr, es muss ein Kurswechsel stattfinden. Jeder verkrampfte Versuch, das Alte zu bewahren, führt letztendlich in die Sackgasse. Ich könnte jetzt unendliche Beispiele aufzählen, die den Zerfall des Alten zementieren. Angefangen mit den unterschiedlichsten Kulturen und deren sog. Errungenschaften, die letztendlich alle untergegangen sind, so wie wirtschaftlich gesehen der Einzelhandel unterging oder biologisch betrachtet die mannigfachsten Arten, die inzwischen ausgestorben sind und weiterhin täglich aussterben. Die Zeit ist abgelaufen. Doch vor jeder epochalen Wandlung gab es immer erst den Zusammenbruch des Alten. Erst kommt die Apokalypse, dann die Genesis.

Vergleichbar mit einer langjährigen Beziehung zweier Menschen, die sich trennen. Sie müssen meistens erst durch die Hölle gehen, um anschließend einen Neuanfang, der meistens besser ist als das Alte, zu beschreiten. Die Gesetzmäßigkeiten sind universell und überall gleich. Nun stehen wir vor solch einer Wende. Wir können dies auf allen Ebenen sehen. Das Finanzwesen wird immer mehr vom einfachen Menschen erkannt und jeder versteht langsam, aber sicher, dass wir weltweit von Bankern abgezockt werden, dass die Mächtigen den Planeten aufgekauft haben und sich nun ihre Zinsen durch forcierte Staatsbankrotte zurückholen. Die Bürger werden zur Kasse gebeten. Jeder Staat hat Schulden bei den

Banken, die äußerst raffiniert mit der Einführung der Zinsen die Welt in den Ruin führten.

Auf der biologischen Ebene sehen wir, wie der Planet mit seiner Vielfalt an Lebensformen völlig aus dem Gleichgewicht pendelt. Immer mehr Arten sterben und die natürliche Balance bricht auseinander.

Auf der soziologischen Ebene erkennt man, wie die Moral (Verantwortungsgefühl), das soziale (gemeinnützige) Verhalten und die Motivation des Menschen entgleist. Werte wie Liebe, Loyalität, Bündnis, Gerechtigkeit und Moral verlieren sich in Sucht und Konsumwahn. All das geht zu Ende. Doch zuerst müssen wir diese Trennungsgeschichte durchlaufen. Es gibt Positivisten, die glauben, die Masse schafft es, nach einer Erneuerung sich selbst neu zu ordnen. Ich bin davon überzeugt, dass der Mensch im gewissen Sinne eine Führung, einen Wegweiser benötigt. Quasi einen Gesetzesgeber, wie bei den natürlichen physikalisch-biologischen Gesetzen, an denen wir uns orientieren (müssen). Nichts läuft von allein, alles bedarf einer Ordnung, die durch Gesetze geregelt ist. Dieses Wissen sollte die Mächtigen anregen, umzudenken und mit der Zeit der epochalen Wende die richtigen Entscheidungen zu treffen. Noch besteht die Möglichkeit, dass die Mächtigen auf den fahrenden Zug aufspringen und ihr Zepter der Macht sogar behalten können. Was sie nur verstehen müssen, ist der Kurswechsel. Weg von dieser Lügenscheinwelt hin zu einer positiven, ehrlichen Weltführung.

Ehrlichkeit zum Diktat

Mut zur Ehrlichkeit bedarf viel Kraft. Das wissen wir alle. Was kann die Mächtigen daran hindern, diesen Schritt der Ehrlichkeit zu gehen? Letztendlich besitzen sie den gesamten Planeten und doch verlieren sie mit ihrem alten Plan immer mehr an Macht. Von Glaubwürdigkeit brauchen wir nicht zu reden, keiner glaubt denen mehr. Wo kein Glaube ist, ist auch keine Hoffnung. Die Mächtigen haben sich global vernetzt und auf Grund ihres ökonomisch-gierigen Interesses haben sie sich ein Wissen angeeignet, das schon sehr beeindruckend ist und paradoxerweise wichtig sein könnte, um unseren Planeten vor dem Untergang zu retten.

Obwohl die Mächtigen den Eindruck erwecken, unseren Planeten zu vernichten, besitzen sie den Genesisplan. Sie wissen genau, wie es um unseren Planeten steht. Alle Daten, Fakten und Eventualitäten sind ihnen bekannt. Ihr Wissenshorizont ist dem unseren mit größter Wahrscheinlichkeit überlegen. Sie wissen genau, was sie verändern könnten. Dennoch halten sie sich fest am Alten. Sie können nicht loslassen. Dabei könnten sie die Welt in einer wunderbaren Form lenken und leiten.

Brauchen nun die Menschen eine Führung, ein Diktat? Um dieser Frage befriedigend eine korrekte Antwort zu geben, macht es Sinn, weiter auszuholen. Zu schnell wird geschrien, der Mensch braucht keinen

Führer, er selbst ist in der Lage, sein Leben zu meistern. Er kann sich selbst verwalten und organisieren. Er kann die Verantwortung für sich selbst übernehmen. Betrachten wir diesbezüglich die unterschiedlichsten Lebensformen und deren Grundverhalten etwas genauer, werden wir schnell feststellen, dass jede Lebensgemeinschaft einer Führung unterliegt. Auf biologischer Ebene macht es auch Sinn, denn jede Führung verfolgt indirekt die optimale Entwicklung der eigenen Spezies. Nur der Stärkste, Schnellste, Klügste, einfach der Beste seiner Art wird als Führer anerkannt. Jedes sogenannte Alphatier handelt im Interesse der Gemeinschaft, seiner Gruppe. All das ist biologisch verwurzelt und macht Sinn. Der Mensch dagegen scheint anders gestrickt zu sein, er verfolgt oft Ziele, die nichts mit gemeinnützigem Interesse zu tun haben. Seine soziale Entwicklung ist kastriert und vergiftet durch gieriges Profitdenken. Die natürlich-biologische Verhaltensnorm des Menschen mutierte zum egoistischen Größenwahn, was letztendlich zum heutigen Istzustand führte. Wie ein Krebsgeschwür wuchert sein egoistisches Grundverhalten und hinterlässt am Ende einen Scherbenhaufen. Jede Spezies ist in sich organisiert und hält sich an eine Führung, die sich artgerecht verhält. Außer der Mensch. Schon weit vor unserer Zeitrechnung machten sich große Denker über das Verhalten der Masse Gedanken. Ob das Volk sich einfach überlassen werden kann oder einer Führung bedarf. Fragen sollten zum Fundament der Philosophie werden. Fragen wie: Was ist die Gerechtigkeit an sich? Wer profitiert von welcher Gerechtigkeit? Welche Interessen sollten verfolgt werden? Betrachten wir hierzu Platon (428-347 v. Chr.), der in seiner Politeia, ca. 370 v. Chr., über den Staat, die Republik, betont:

- **Demokratie:**

Das gemeine Volk ist nicht fähig, sich selbst zu regieren. Die Bauern und Handwerker sind durch einen hohen Grad an Begehren und damit Begierden charakterisiert.

- **Die Elite:** Wächter/Philosophen/Könige

Die Philosophen (Regenten) besitzen eine von Natur aus gegebene Veranlagung zur Intelligenz und besondere Fähigkeiten. Diese Fähigkeiten wiederum sowie die edelste Charaktereigenschaften müssen durch weitere Ausbildung und Erziehung gefördert werden, zum Zwecke der Hervorbringung der diesem Stand zufallenden Tugend, nämlich der Weisheit. Demnach müssen Philosophen die idealen Staatsführer sein. Die Philosophen sollen freiwillig auf den Erwerb von Privateigentum verzichten, um ihre Kräfte voll und ganz auf die weise Lenkung des Gemeinwesens konzentrieren zu können.

 Die Politeia - Wie Platon die Gerechtigkeit empfand; Heyne

- **Die Krieger:** (Wächter)
zeichnen sich vor allem durch eine starke emotionale Komponente ihres Charakters aus. Die niederen Klassen können zu den höheren Klassen hinaufsteigen bzw. unfähige Individuen können hinabsteigen.

- **Kollektivismus:**
Das Wohlergehen des Kollektivs nimmt die höchste Priorität ein. Die Interessen des Individuums werden denen der Gruppe untergeordnet. Unbegrenzter Einfluss auf die Privatsphäre des Individuums, Zensur usw.

- **Eugenik** (von altgriechisch eu „Gut" und genos „Geschlecht"): Die Anwendung humangenetischer Erkenntnisse auf die Bevölkerungs- und Gesundheitspolitik mit dem Ziel, den Anteil positiv bewerteter Erbanlagen zu vergrößern und den negativ bewerteter Erbanlagen zu verringern. Der Staat plant und lenkt die Fortpflanzung, schreibt sie vor und untersagt sie, sowohl zum Zweck der Eugenik als auch, um die Bevölkerungszahl konstant zu halten. Nicht taugliche Säuglinge werden nicht weiter aufgezogen.

- Die „**Edle Lüge**" (gennaion pseudos) oder der „große Mythos":
Ein Mythos oder Unwahrheit, oft, aber nicht immer, religiöser Natur, wissenschaftlich erzählt von einer

Elite, um soziale Harmonie, vor allem die Ziele der Elite zu fördern.

- **Platonischer Kommunismus**
(Familien- und Gütergemeinschaft):
Das neugeborene Kind wird den Eltern entzogen und Erziehern anvertraut, dadurch soll eine große Gemeinschaft entstehen, in der die Kinder keine Bindung zu ihren leiblichen Verwandten entwickeln. Die oberen Klassen teilen auch ihre Ehefrauen.

Große Anregungen, aber auch Kritik fand Platon durch Diskussionen mit seinem Schüler Sokrates sowie Kephalos mit dessen Sohn Polemarchos und Thrasymachos. Kann es sein, dass die Mächtigen (Elite) sich die **Politeia** von Platon als Weltleitbild genommen haben, aber die Gerechtigkeit völlig falsch interpretierten? Und das Leitbild mutierte zu einer perversen Gier nach Macht? Nun stehen wir vor einer Wende des Menschheitsbewusstseins.

Immer mehr Menschen erkennen instinktiv, dass es so nicht weitergehen kann. Noch nie waren so viele Menschen aktiv, wie wir es derzeit erleben. Massen-Bewegungen zeigen öffentlich ihren Unmut. Dennoch reicht das nicht, um den Mächtigen die Stirn zu zeigen. An solch einen Unmut haben sich jedoch die Mächtigen gewöhnt, denn in ihrer geschichtlichen Entwicklung haben sie nie etwas anderes erfahren.

□ **Die Politeia - Wie Platon die Gerechtigkeit empfand; Heyne**

Der Unmut der Masse ist für die Mächtigen nichts weiter als ein Rülpser des Volkes. Wie aber wird es weitergehen? Müssen wir wirklich erst abwarten, bis alles zerbricht?

Schieben wir mal das Untergangsszenarium beiseite und freunden uns mit dem Gedanken an, dass es noch Hoffnung für die Menschheit gibt. In solch einem Fall gäbe es mit Sicherheit noch mindestens zwei Möglichkeiten der Veränderung. Die eine (wünschenswerte) wäre ein freiwilliges Umdenken der Mächtigen, weil sie erkannt haben, dass es besser ist, mit offenen Karten zu spielen. Sie würden sich outen und zum Wohle aller Menschen eine neue Weltordnung ausrufen. Ich möchte an dieser Stelle nochmals betonen, zum Wohle aller Menschen. Es würden neue Strukturen geschaffen werden und die Philosophie der sogenannten Führung bekäme einen völlig anderen Charakter. Die, die bisweilen die Macht besitzen, würden sich selbst in ein völlig anderes Licht bringen und an positiver Energie gewinnen. Eine Bereicherung, die ihnen mit großer Wahrscheinlichkeit nicht wirklich bekannt sein wird. Die zweite Variante wäre weniger schön, aber wahrscheinlicher. In dieser würde erst der Druck der Masse dermaßen ansteigen und automatisch zu einer globalen Revolte führen. Diese würde jedoch unzählige Opfer mit sich bringen. Betrachten wir die derzeitige Situation genauer und verfolgen die unterschiedlichsten Meldungen, auch die der Mainstream-Medien, sehen wir ganz klar, in welche Richtung sich alles entwickelt.

Weltweit werden die Proteste immer lauter. Die Menschen gehen auf die Straße und zeigen ihren Unmut gegen die ständig wachsende Ungerechtigkeit, und das in erstaunlich großer Anzahl aus allen Schichten und Altersgruppen. Sogenannte brave Bürger sind genauso vertreten wie Alte und Junge. Gerade Länder wie Griechenland, Portugal und Spanien, die zum Sündenbock deklariert werden, weil sie angeblich nicht genug sparen können, werden so ausgequetscht, dass den Menschen keine andere Wahl bleibt, als auf die Straße zu gehen und ihren Unmut öffentlich zu zeigen. Wir können fast davon ausgehen, dass es in nächster Zeit zum ominösen Zusammenbruch kommen wird, was zu einem Neustart für die Menschheit führt. Auch die Mächtigen müssen sich dann neu und anders formieren, was sie über Generationen zwar gewohnt sind, aber das Alte wieder als Neues verkaufen zu wollen, wird ihnen so leicht nicht mehr gelingen. Die Menschen haben dazugelernt und lassen sich mit Sicherheit nicht mehr so wie gewohnt für dumm verkaufen. Dennoch bleibt die Frage offen, was ist danach? Egal, wie es zu dem Danach kommt, ob freiwillig oder durch den Druck der Masse. Der Mensch ist nicht in der Lage, die Mächtigen zu entmachten, und schon gar nicht in der Lage, sich als Masse selbst zu organisieren. Es fehlt ihm an Erfahrung und Weitblick. Das Volk müsste sich auf neue selbstgewählte Führungskräfte verlassen, und ob diese dann wirklich in der Lage sind, die Menschheit im Interesse der Allgemeinheit zu leiten, bleibt eine große Frage. Was geschieht aber mit den Mächtigen? Sie sind nicht einfach mal zu entmachten. Sie selbst können aber auch nichts gegen diese Übermacht der unzufriedenen Menschen unternehmen. Den Mächtigen bleibt da nur eine Chance, auf den fahrenden Zug aufzuspringen. Die Gelegenheit zu nutzen und das Beste daraus zu machen. Den Zeitgeist zu verstehen und die Situation zu nutzen zu wissen. Im Gegenteil, sie könnten sogar die Situation so wenden, dass sie vom Volk fast schon als Retter gesehen werden. Sie könnten Entscheidungen treffen, die für die Entwicklung des gesamten Planeten von Vorteil sind, und diese Entscheidungen wären nichts anderes als ein Diktat. Da die Menschheit zurzeit aus ca. sieben Milliarden Menschen besteht, ist es natürlich, dass es kein Patentrezept gibt, um es allen recht zu machen. Es existieren einfach zu viele Unterschiede, sei es im Ethischen, Religiösen oder Kulturellen, so dass es niemals einer Führung gelingen wird (auch wenn sie es wirklich ehrlich meint), für alle die richtigen Entscheidungen zu treffen.

Eine Weltdiktatur: Ja oder Nein?

Für die unterschiedlichsten Sichtweisen, Weltanschauungen und Ansichten wurde selbstverständlich immer gesorgt, keine Frage, dennoch sind sie Gegenstand der Realität und nicht wegzudenken. Es wurde immer brennbares Material zwischen die Religionen und die unterschiedlichen Kulturen geworfen und entzündet. So wurden Konflikte künstlich forciert und instrumentalisiert. Niemand kann diese einfach assimilieren oder gar wegdenken. Was die alte Elite, jetzt zum neuen Weltenlenker geworden, heute lediglich anders machen könnte, ist, die realistische Situation allgemein für jeden verständlich werden zu lassen und dementsprechend die richtigen Mechanismen in Bewegung zu setzen.

Dies ist aber nur über ein Diktat möglich. Ich betone nochmals, ein Diktat im Interesse der allgemeinen Entwicklung der gesamten Menschheit und nicht irgendeiner Elite.

Betrachten wir noch einmal dazu die explosionsartige Zunahme der Weltbevölkerung und deren dramatische Entwicklung. Erinnern wir uns an die astronomische Multiplikation der Menschheit und deren Folgen für den gesamten Planeten. Es bleibt der Menschheit, wenn sie überleben möchte, nichts anderes übrig, als ein totales Geburtenverbot für mindestens drei bis fünf Jahre auszusprechen, und zwar ultimativ als Diktat. Ein Drittel aller Menschen würde mit großer Wahrscheinlichkeit bei solch einem Diktat aus ethischen und religiösen Gründen auf die Straße gehen. Sie hätten kein Verständnis für solch ein Diktat. Dennoch bin ich davon überzeugt, dass es Sinn macht, im Interesse der gesamten Menschheit solch ein Verbot durchzuführen. Denken wir an Al Gore mit seiner gigantischen PR über die angebliche Klimaerwärmung. Sensationelle Filmdokumentationen wurden weltweit ausgestrahlt und die gesamte Menschheit glaubte und glaubt zum größten Teil immer noch an diesen Schwachsinn. Mit solch einer voluminösen PR könnten die Menschen nun über die realen Gefahren aufgeklärt werden. Über die Gefahr einer Überbevölkerung und deren Folgen. Dies würde zu einer ehrlichen Berichterstattung für alle Menschen auf diesem Planeten führen.

Nicht anders ist es mit dem Verzehr von Fleisch. Die Menschheit müsste global zur Fleischrationierung gezwungen werden. Nur so hat unser Planet eine echte Chance, sich zu erholen, um die Zukunft der menschlichen Rasse zu gewährleisten. Ja, ich behaupte, dass das Diktat die einzige Rettung des Planeten und der gesamten Spezies Mensch ist.

Voraussetzung ohne Wenn und Aber ist die <u>ehrliche</u> Absicht, die dahinterstecken muss. Da wir bis dato permanent ausgenutzt und versklavt wurden, ist es natürlich schwer, an solch eine ehrliche Absicht zu glauben. Dennoch, in Anbetracht der gegenwärtigen

Situation bleibt den Mächtigen nicht wirklich etwas anderes übrig, als auf diesen fahrenden Zug zu springen. Ihnen bleibt nichts anderes übrig, als den Dialog mit Auserwählten zu suchen oder die Initiative selbst zu ergreifen. Sie sollten sich jedoch schleunigst entscheiden. Die Zeit läuft nämlich davon. Die gesamte Menschheit verrennt sich derzeit in eine totale Orientierungslosigkeit.

Immer mehr driftet der Mensch auf allen Ebenen ab. Ob biologisch, soziologisch, wirtschaftlich oder kriegerisch, die Menschheit hat die Mitte verloren. Der gesamte Planet erkrankt daran. Wir sollten uns daran erinnern, dass wir Menschen immer diktiert wurden, nur eben unfreiwillig. Was spricht nun dagegen, offiziell geführt zu werden? Dass ich mit solch einer Aussage natürlich auf großen Widerstand stoße, ist mir bewusst, dennoch möchte ich nicht einen Millimeter von meinem Standpunkt abweichen. Ich bin davon überzeugt, dass wir alle, die gesamte Menschheit, ein gemeinsames Ziel verfolgen; quasi ein kollektives Gesamtbewusstsein darstellen. Gepackt von Trieben und schlechtem Benehmen bewegt sich die Menschheit gerade in einer unangenehmen, pubertierenden Phase schlechten Verhaltens. Scheinbar benötigt sie einige dramatische Tiefs, um aus diesen zu lernen. Auf Grund dessen sollten wir nicht den Kopf in den Sand stecken und resignieren. Es ist unsere Pflicht, als ein Teil vom Ganzen, auch wenn er noch so klein ist, uns Memenhaft, pflichtbewusst unserer Verantwortung dem Ganzen gegenüber zu stellen.

Jemandem die Führung zu übergeben heißt nicht, die Verantwortung abzugeben. Das Gegenteil ist der Fall, man entwickelt einen Blick für das Ganze und lernt zu verstehen, welche Bereiche von welchen Fachkräften bzw. Spezialisten erfüllt werden können. Es wächst ein echter Einblick zum Bedeutenden. Man entwickelt ein Gefühl, was man selbst einbringen kann, was auch wirklich Sinn macht und der Gemeinschaft nützlich ist. Die Verantwortung abgegeben haben jedoch zu viele Menschen, die glaubten und immer noch glauben, Politiker lenken und leiten alles zum Wohle des Volkes. So nach dem Motto, man muss nur die Richtigen wählen und diese sollen uns dann regieren. Dieses blinde Vertrauen in die Politik sollte damit ein Ende haben.

Unser Planet sind wir alle

Dass wir alle ein Teil unseres Planeten sind bzw. ihn ausmachen, ist jedem klar. Ob es nun die kleinen, einfachen Menschen oder die Elite sind, jeder wird dem zustimmen müssen. Betrachten wir nun unsere Erde mal aus einer ungewohnten Sicht, dann könnten wir alle unseren Planeten auch als ein eigenes universelles Wesen ansehen. So wie wir aus fast 50 Billionen einzelnen Zellen bestehen und einen Menschen darstellen, so können wir unseren Planeten als ein aus unserer Sicht gigantisches Lebewesen betrachten, dessen Zellen wir u. a. darstellen. Alle Arten der unterschiedlichsten Lebensformen wie Einzeller, Pflanzen, Insekten, Amphibien, Säugetiere bis hin zum Menschen machen unser riesiges Geschöpf Erde aus. Wir alle unterliegen den gleichen Gesetzmäßigkeiten und wir können uns denen nicht entziehen.

Es wäre anmaßend, sich darüber emporheben zu wollen, und genau diesen Eindruck erwecken die Mächtigen, erweckt die Elite. Alles steht in Korrelation zueinander, was so viel heißt, dass alle Gesetze, egal, wo auch immer, gleich sind. Wie im Kleinen, so im Großen spiegelt sich alles wider. Das menschliche Bewusstsein entwickelt sich nur mit Hilfe einer vorgegebenen Matrix. Was bedeutet, dass das Bewusstsein ein Spielfeld benötigt, in dem es sich entwickeln kann. Wie in einem Computerspiel, deren unterschiedliche Levels die Herausforderung darstellen. Erinnern wir uns an die Entstehung einer Matrix, die im ersten Kapitel beschrieben wurde.

Unser Dasein unterliegt der eigenen Wahrnehmung der Realität, der eigenen entdeckten Matrix. Diese wiederum ist abhängig von unserer jeweiligen Entwicklung. Was im Klartext heißt, dass wir nur in der Lage sind, das wahrzunehmen, dessen Affinität wir besitzen. Wir können nur das entdecken, wofür wir offen sind. Ein einfaches Beispiel soll dies verständlich machen. Erfahrungswerte, die über das bewusste Erleben wahrgenommen werden, speichern sich ultimativ in uns ab. Theoretisches Wissen bleibt nur für eine gewisse Zeit auf unserer Festplatte und verschwindet dann, wenn es nicht permanent zum Thema wird, bei Nichtbeachtung ganz von allein. Wie mit einer Fremdsprache, die man sich jahrelang einpaukt und dann doch durch mangelnde Praxis wieder verlernt. Erlebtes gleich Erfahrenes dagegen manifestiert sich in unserer Realität. Die Matrix (Realität) besitzt eine eigene Dynamik in ihrer Entwicklung. Unser Planet, gesehen als ein Wesen, hat seine eigene Matrix. Jedoch die Mächtigen verhalten sich so, dass man glauben könnte, sie stehen über den Dingen und sie wollten die Natur überlisten. Und egal, wie viel Macht und Einfluss sie haben, sie haben scheinbar vergessen, wie schnell sich der Hochmut zur Dekadenz verwandelt, und diese macht blind.

Jedes Wesen besitzt ein individuelles Bewusstsein, das durch seine eigene Entwicklung geprägt ist. Jeder von uns hat seine eigene subjektive Betrachtungsweise, seine Realität wahrzunehmen. Unser Planet ist voll mit unterschiedlichsten Individuen. Geprägt sind sie dennoch alle von einer kollektiven Realität, einer gemeinsamen Matrix. Jeder nimmt zwar seine Realität individuell wahr, trotzdem befinden wir uns alle in einer künstlich erzeugten Kollektiv-Matrix. Diese wiederum wird vorsätzlich von den Mächtigen dieses Planeten erzeugt und in dieser dominieren die Angst, Unsicherheit und Verwirrung.

Diese Matrix verfolgt einen Plan, aber halt, all das hatte ich schon in vergangenen Kapiteln beschrieben. Also bleiben wir dabei, alles steht in Korrelation. Jedes Gehabe finden wir auf alle Ebenen wieder. Wie verhalten sich nun die, die das Zepter der Macht in den Händen halten? Sie verhalten sich nicht artgerecht, nicht evolutionsgerecht bzw. nicht ökologisch, dies wäre die konsequente Beschreibung. Sie verfolgen einen Plan des permanenten Gewinns und des ewigen Konsumsteigerns. Was so viel heißen würde, es gäbe ein dauerndes Wachstum ohne Konsequenz. Auch die Ausbeutung hat irgendwann ein Ende. Alles das geht wider die natürlichen Gesetze. Dazu sollten wir uns die einfachen natürlichen Gesetze anschauen.

Betrachten wir hierzu das Wachstum irgendeiner Pflanze. Dieses beginnt im jeweiligen Zustand, wo der

Samen, der den gesamten Bauplan der Pflanze beinhaltet, gut platziert im Erdreich die Voraussetzung darstellt. Dort lässt er zum einen kleine Wurzeln, die nach unten ins Erdreich wuchern, entstehen und zum anderen den Keim (Stiel), der sich nach oben zur Sonne den Weg bahnt. Beides macht Sinn. Unten bekommt die Pflanze nicht nur über die Wurzeln ihre Nahrung, sondern auch ihre Bodenhaftung, und nach oben erlebt sie die Wahrnehmung, die Entstehung zum Licht (Erfahrung). Betrachten wir diesen Prozess weiter, erkennen wir schnell, dass alles einer Entwicklung unterliegt. Diese setzt eine gewisse Bodenständigkeit sowie eine expansive Entwicklung nach oben voraus. Die Natur zeigt uns aber auch die Vergänglichkeit aller Dinge. Jede Entwicklung hat einen Anfang, einen Höhepunkt und auch ein Ende. Jede Pflanze verliert ihre Schönheit und verwelkt. Nicht anders ist es mit jedem anderen Lebewesen, mit jedem Geschäft, mit jedem Vorhaben. Nichts ist auf ewig programmiert, alles ist vergänglich. Dieses sollten sich diejenigen zu Herzen nehmen, die die Macht auf unserem Planeten ausüben. So wie bisher kann es nicht weitergehen.

IV. Kapitel
Die Chance

Das Umdenken ohne Machtverlust

Wie schon beschrieben, haben die Weltenlenker sich im Laufe der Jahrhunderte gigantische Macht und Einfluss erbeutet. Sie sind global dermaßen gut vernetzt und in allen Bereichen infiltriert, so dass eine Entmachtung kaum vorstellbar ist. Gehen wir davon aus, dass sich ihr Machteinfluss nur auf unsere Erde bezieht, dann werden die Mächtigen auf Grund der natürlichen Gesetzmäßigkeiten ihre bisherige Strategie ändern müssen. Ihnen bleibt nur die Möglichkeit, die Menschheit radikal zu dezimieren oder, wie schon beschrieben, sich zu outen und die nötigen Schritte zu gehen, um die Gesamtmenschheit zu retten. Das Letztere wäre natürlich wünschenswert.

Bleiben wir einfach mal dabei, dass dieses eintrifft. Wie könnte es aber aussehen, dass sich die Mächtigen vor der breiten Masse outen? Mit welchen erlogenen Tricks könnten sie uns dann wieder reinlegen? Oder öffnen sie sich vielleicht ganz und gar, punkten um ein Vielfaches und gewinnen so das Vertrauen der Bevölkerung, indem sie vielleicht dem Volk einfach die Wahrheit präsentieren, ohne ihr Gesicht zu verlieren? So nach dem Motto, jetzt meinen wir es aber wirklich ehrlich. Egal, wie auch immer, es wird eine spannende Herausforderung für alle Beteiligten. Die Variante des ehrlichen Outens wäre für die Mächtigen souveräner und erfolgversprechender. Jede Lüge würde sich in Rauch und Schall auflösen, sie würde wie ein Befreiungsschlag an Gewicht verlieren und die Mächtigen hätten nach kurzer Zeit die Möglichkeit, wieder tief durchatmen zu können, ohne sich schlecht zu fühlen. Endlich frei von Lügen zu sein, welch ein Segen. Jedes Diktat, das sinnvoll durchdacht, gut und ehrlich gemeint ist, gewinnt an Wert. Gegenwärtig gibt es aber unzählige Probleme auf unserem Planeten, die natürlich von den Mächtigen selbst verursacht wurden, aber dennoch real vorhanden sind. Diese zu bewältigen, könnte und sollte das Ziel der Mächtigen sein. Nun gibt es viele Freidenker, die mit Sicherheit große Skepsis dem gegenüber äußern werden. Mit Recht werden sie argumentieren, dass die Weltenlenker von Anfang an bis einschließlich heute nur an sich dachten und das Fußvolk, die breite Masse uneingeschränkt ausbeuteten, versklavten und in Kriege führten. Diese Skepsis ist berechtigt, doch betrachten wir die gegenwärtige globale Situation der schon aufgeführten Prozesse, etwa die explosionsartige Überbevölkerung, dann die Gott sei Dank erfolglosen, Menschen krankmachenden Versuche auf allen Gebieten, wie z.B. mit den Lebensmittelzusatzstoffen, den Impfungen, den Pestiziden, der krankmachenden Medizin, der künstlichen Beleuchtung, den Chemtrails und vieles mehr. Der Versuch, den Menschen vom Glauben und der Familie zu entwurzeln, (Gender Mainstream) um ihn besser angreifbar werden zu lassen, ihn zu schwächen, um ihn einfach leichter zu dezimieren. All das sind Argumente; hinzukommen noch die unendlich vielen Lügen, die vielen ausbeuterischen, die zu Kriegen führten, und noch die großen epochalen Lügen, die die ganze Welt zum Narren halten. Ich gebe zu, dass Gründe genug sind, den Mächtigen kein einziges Wort zu glauben.

Doch in Anbetracht der heutigen Situation besteht keine andere Möglichkeit, als den Mächtigen, die die Macht über unseren Planeten besitzen, zu vertrauen, denn auch ihnen bleibt keine andere Wahl, es sei denn, sie geben diesen Planeten mitsamt seiner Bevölkerung auf. Was bedeuten würde, sie haben entweder Kamikazecharakter oder eine Alternative fern von unserem Planeten. Dies würde heißen, die Mächtigen haben schon lange eine Technologie, die weit über der uns offiziell bekannte im Geheimen existiert. Da sich dies im Bereich des Spekulativen befindet, bleiben wir doch vorerst auf unserer Erde. Klammern wir einmal die letzten drei Sätze aus und betrachten die globale Situation aus der gewohnten Sicht, haben die Mächtigen, die das Zepter der Macht für diesen Planeten in ihren Händen halten, keine andere Wahl, als mit dem Strom der Entwicklung (Zeit) zu fließen. Alle Gesetzmäßigkeiten sprechen dafür, dass sie keine andere Wahl haben, als auf den fahrenden Zug zu springen. Ob sie es wollen oder nicht. Und genau da sehe ich eine echte Chance, dass sich eine epochale Veränderung abspielen wird, und zwar in unmittelbar kurzer Zeit.

Eine positiv veränderte Betrachtungsweise der Mächtigen

Ich gebe zu, dass vieles, was ich schreibe, auch aus einem großen Wunsch heraus motiviert ist. Aber nichtsdestotrotz versuche ich sachlich Fakten zusammenzuführen, die ein reales Gesamtbild offenbaren. Ich appelliere selbstverständlich auch an meine Leser, einen gewissen eigenen Beitrag zu investieren, und zwar den der Überprüfung, und genau dieser macht das von mir Geschriebene glaubhaft. Mündige Leser sind diejenigen, die nicht nur konsumieren, sondern selbst aktiv am Leben teilnehmen und das, was sie lesen, auch in Frage stellen, selbst hinterfragen und nachrecherchieren. Die meisten sind leider nur Konsumenten und haben verlernt zu hinterfragen. Sie konsumieren alles je nach ihrer Affinität. Von solch einer Leserschaft möchte ich mich freundlichst verabschieden. Ich wünsche mir Menschen, die mir offen entgegentreten und mit mir den Dialog suchen.

Kommen wir zurück zu denen, die das Zepter der Macht in den Händen halten. Diese befinden sich in einer Situation des Zugzwangs und müssen jetzt handeln. Ihnen bleibt keine andere Wahl, auch wenn sie alle Macht besitzen. Die Zeit läuft ihnen davon. Der große Umschwung steht ohne Zweifel bevor; die einen orientieren sich am Maya-Kalender und die anderen sehen eine neue Zeitrechnung kommen auf Grund der erweiterten Bewusstseinsebene.

Es spielt keine Rolle, was dominiert, lediglich entscheidend ist der Istzustand und der zeigt klare Gesetzmäßigkeiten. Die Zeit ist reif für eine Veränderung. Der Gesamtorganismus Erde beginnt zu kollabieren. Da alles in Korrelation steht, macht es Sinn, an dieser Stelle einen Sprung zu machen.

So wie die derzeitige globale Situation aussieht, empfindet es jedes einzelne Individuum. Im Mikrokosmos finden wir die gleichen Gesetzmäßigkeiten wieder wie im Großen. Alles überträgt sich vom Großen zum Kleinen und vom Kleinen zum Großen. Jede Schwingung, die im Mikrokosmos empfangen wird, reflektiert sich im Großen. Jeder negative Gedanke übt quasi einen Einfluss auf das Ganze aus. Worauf ich hinausmöchte, ist, dass das Fass am Überlaufen ist, und zwar überall, auf allen Ebenen, im Kleinen so wie im Großen. Die Schwingungen werden zur Turbulenz. Sogar die Unwissenden fühlen eine Veränderung, auch wenn sie diese nicht definieren können. Die breite Masse ist zwar lenkbar, aber dennoch in Aufruhr. Auch sie entwickelt eine Affinität zur Rebellion, zum Widerstand. Auch das fühlen die Mächtigen und erkennen, dass noch mehr Druck auf die Masse unweigerlich zur Eskalation führt. So naiv dies für manche auch klingen mag, ich bin davon überzeugt, dass die Mächtigen, die Elite oder einfach die, die das Zepter der Macht in ihren Händen halten, einlenken müssen. Natürlich gibt es noch das dunkle Bild der Zukunft, die düstere Entwicklung der totalen Überwachungsdiktatur, des absoluten kapitalistischen Staatsfaschismus. Gleichgesetzt dem dunklen Stern von Star Wars. Diese Zukunft ist aber nur möglich, wenn die Mächtigen eine uns vorenthaltene Technologie besäßen. Ansonsten müssen sie einlenken, ob sie wollen oder nicht, die Gesetze sind universell und dem kann sich keiner entziehen.

Auf unserer Erde ist bereits alles ausgereizt. Wir brauchen lediglich die natürlichen Gesetze verfolgen und können nicht anders, als zu diesem Ergebnis zu kommen. Jede andere Schlussfolgerung ergibt keinen wirklichen Sinn. Wer sind nun diejenigen, die uns lenken und die Macht über unseren Planeten haben und über alles entscheiden? Sind es Menschen?

Erinnern wir uns an die Chemtrails, die unseren Planeten mit Aluminium, Barium, Strontium u.a. verseuchen. Wer hat etwas davon? Soll unser Erdklima verändert werden? In den 60er und 70er Jahren, als ich Teenager war, gab es unzählige Serien bzw. Filme über Außerirdische, die durch eine heimliche Invasion unsere Erde vereinnahmen wollten. Damals war ich fasziniert von solchen Ideen. Es gab unterschiedlichste Berichte über UFO-Sichtungen und die Medien hatten immer wieder neue Schlagzeilen davon. Es gab sogar öffentliche Fernsehdiskussionen über die Möglichkeit, dass es Außerirdische unter uns geben könnte. Es gab

Dokumentationen von Piloten, welche im Zivilen wie im Militärischen von Begegnungen mit außerirdischen Flugobjekten berichteten. All das wurde in den öffentlichen Medien gezeigt. Nun, seit mehr als 20, wenn nicht sogar 25 Jahren existieret keine Sendung mehr über die eben genannten Themen. Warum? Ist eine solche Thematik nicht mehr interessant oder was ist der Grund für solch eine Informationssperre? Dennoch gibt es immer wieder Sichtungen von sogenannten UFOs, und das weltweit. You tube ist voll davon, doch die Medien schweigen darüber. Bleiben wir trotz alledem dabei, dass die Mächtigen höchst wahrscheinlich Menschen sind und mit uns im selben Boot sitzen. Sie haben lediglich eine bessere Voraussetzung als wir. Sie sind mächtig, organisiert und in allen Bereichen infiltriert.
Sie sind Menschen und haben letztendlich die gleichen Grundbedürfnisse wie wir. Sie sind unsere Führer, bis dato jedoch nur in ihrem eigenen Interesse.

Ich gebe zu, dass es nach den letzten Zeilen besonders schwierig ist, die Mächtigen einzuordnen bzw. sie einer Richtung zuordnen zu können. Trotz alledem möchte ich vorerst dabei bleiben, dass die Menschheit von Menschen geführt wird. Nur so verfolgt das Buch ein Ziel, das für jeden Leser verständlich bleibt. Meine gedankliche Freiheit sollte nicht mit irgendeiner paranoid erscheinenden Wahrnehmung verglichen werden. Nein, ich möchte meinen Lesern einfach Optionen anbieten, die zu einer natürlichen Beobachtung führen. Nichts sollte vorenthalten werden. Sie sollen lediglich zur eigenen gedanklichen Anregung führen.

Für diejenigen die sich allerdings mehr mit dem Thema „Menschen oder Außerirdische, die uns regieren“ beschäftigen wollen kann ich nur wärmstens David Icke empfehlen. Oder einfach mal in You Tube „Reptiloide - Formwandler“ eingeben.

Was aber kann die Mächtigen davon abbringen, so wie bisher weiterzumachen? Der globale Wandel spricht eine klare Sprache und den können sie nicht ignorieren. Wenn sie selbst überleben wollen in einer verseuchten Welt sowie nicht weiter in einem permanenten Sicherheitstrakt verschanzt sein, dann bleibt ihnen nichts anderes übrig, als sich zu outen und sich zu befreien aus dem goldenen Käfig der Sicherheit. Eine neue positive Betrachtungsweise erleichtert den Mächtigen ihr eigenes Dasein. Die Unsummen, die für die eigene Sicherheit ausgegeben werden müssen, sowie die ständige Kontrolle über die Menschen wachsen ins Unermessliche. Außerdem kosten sie ständig Energie. Nein, ich bin davon überzeugt, dass die Mächtigen es selbst erkannt haben und die entsprechenden Register ziehen werden.

Der Verantwortung gerecht werden

Was kann man überhaupt unter dem Begriff Verantwortung verstehen? Vielleicht macht es Sinn, diesen näher zu definieren. Verantwortung beinhaltet mehrere Tugenden wie z.B. Ehrensache, Verpflichtung, Schuldigkeit sowie Gewissenhaftigkeit. Die Bereitschaft zur Verantwortung sollte diese Tugenden auf jeden Fall beinhalten. Ob man eine Verantwortung für etwas Großes oder Kleines hat, spielt keine Rolle. In dem Moment, wo ich eine Verantwortung übernehme, diktiere ich mir selbst, direkt oder indirekt eine Pflicht zu übernehmen. Im Idealfall bin ich mir meiner Verantwortung bewusst und besitze die o.g. Tugenden. Jeder Mensch hat in irgendwelchen Bereichen eine Verantwortung übernommen. Ob es nun auf der Arbeit ist, weil wir eine Position angenommen haben, in der man diese uns abverlangt, oder ob man diese als Elternteil für seine Kinder übernommen hat. Die Verantwortung bedeutet, nicht nur an sich zu denken, sondern prinzipiell an das Ganze, an das, was das Ganze ausmacht. Familie, Beruf oder Hobbys. Die Tragweite einer Verantwortung kann natürlich auf einer ganz anderen Ebene stattfinden. Z.B. in einer großen Firma mit zig Mitarbeitern, einer ganzen Stadt, einem Land oder sogar einem Kontinent oder dem gesamten Planeten. Die Tugenden sind trotz alledem immer gleich und Voraussetzung für die Verantwortung. Die Größe der

Verantwortung sollte adäquat die Größe der verantwortlichen Person widerspiegeln. Jemand, der einer großen Verantwortung gewachsen ist, reflektiert dies an eigener Größe.

Doch dürfen wir in solch einem Zusammenhang nicht die einzelnen Tugenden vergessen. Da kommen u.a. Eigenschaften wie Ehrensache und Gewissenhaftigkeit in der Verantwortung vor. Charaktere, die prinzipiell nur Gutes beinhalten. Doch selten finden wir solche Eigenschaften bei Menschen mit großer Verantwortung. Das Gegenteil ist die Regel. Die menschliche Schwäche ist unter anderem, Positionen eher auszunutzen, als ihnen gerecht zu werden.

Schon beim kleinen Angestellten im öffentlichen Dienst, dessen Arbeitsplatz relativ gesichert ist, zeigen sich Strukturen des Ausnutzens der Situation. Beim Beamten wird es dann noch deutlicher. Solch ein Status lässt einen sehr schnell aus der Verantwortlichkeit in die Situation des Ausnutzens rutschen. Jeder Angestellte im öffentlichen Dienst sowie jeder Beamte hat eine Verantwortung dem Staate gegenüber und diese wird fast 100 % ausgenutzt. Wie im Kleinen, so im Großen. Ob es nun ein kleiner Verwaltungsfachangestellter oder ein regierender Bürgermeister ist, spielt keine Rolle. Die Verantwortung wird schamlos ausgenutzt.

Die Ehre und das Gewissen verlieren schnell ihre Bedeutung, nicht aber die Macht, die man in der Verantwortung genießt. Denn diese kann man wunderbar für sich selbst nutzen. Verantwortung bedeutet also auch im gewissen Sinne, Macht zu besitzen, und Macht verlockt prinzipiell, diese für sich selbst auszunutzen. Quasi ein Gefühl der Überlegenheit, um damit zu versuchen die eigenen Schwächen zu kompensieren.

Betrachten wir dazu die Mächtigen, die unseren Planeten lenken und führen, stellt sich natürlich die Frage, welche Schwächen wollen sie denn kompensieren?

Welche Schwächen können diese Machtbesessenen überhaupt haben? Ich denke, zuerst einmal die Angst vor dem Machtverlust, alles zu verlieren und anschließend genauso wenig zu besitzen wie der Mob. Diese Angst werden sie mit großer Sicherheit haben. Vielleicht aber auch die Angst vor der ehrlichen Liebe, der universellen, der man nicht entkommen kann. Gemeint ist damit die Liebe, die völlig wertfrei ist und keinen ökonomischen Gedanken (Hintergrund) zulässt. Und genau da beginnt das Problem in der Liga der Mächtigen. Alles, aber auch alles wird dort ökonomisch betrachtet, jeder kann und wird mit Sicherheit seinen Familienclan lieben, doch nur bis zu einem gewissen Grad.

Definieren wir an dieser Stelle die Liebe etwas genauer. Es gibt klare Trennungen zwischen der einen, der egoistischen Liebe, die sich nur auf die naheliegenden Menschen bezieht und die auch noch vom eigenen egoistischen Treiben bestimmt ist, sowie der Liebe, die aus tiefstem Herzen kommt und frei von egoistischem Treiben ist. Die letztere könnte man als eine Art Fundament sehen, eine universelle Liebe als Fundament des Seins. Wir wissen, welchen Stellenwert die Liebe haben kann, und verstehen diese als eine Art Fundament, und gerade deswegen sollte es uns bewusst sein, wie wichtig die ehrliche Intention ist.

Rein nach dem Reflexionsmechanismus bekommen wir 1 zu 1 das zurück, was wir geben. Und das alles auf einer Schwingungsebene, die 100 % von jedem wahrgenommen wird. Auch von den Kleinsten, den Jüngsten, von denen letztendlich am intensivsten.

Was hat das aber nun mit der Verantwortung zu tun? Die Mächtigen haben diese universelle Liebe nie erfahren. Für sie muss diese etwas Abstraktes sein. Denn hätten sie die universelle Liebe jemals in der Vergangenheit erlebt, wären sie einen anderen Pfad gegangen. Dieses Raubtierverhalten wäre in ihnen gestorben.

Auf Grund dessen sind wir ihnen in etwas voraus. Sie können alles an Materiellem und Macht besitzen, all das ist nicht zu vergleichen mit der wahren Liebe, und gerade die versuchen sie in uns zu zerstören; denn für sie ist es wohl besser, das zu zerstören, was sie nicht besitzen und bekommen können.

Sind sich die Mächtigen dessen aber bewusst? Sie müssen es sein, denn jedes Wesen sucht das Licht, bewusst oder auch unbewusst, und der Weg zum

Licht führt über das Universelle. Die wahre Liebe lässt alles Materielle nichtig werden und verfolgt wahre und nicht egoistische Ziele. Und ein jeder fühlt auch ohne wirkliches Wissen, was recht oder unrecht ist.

Nein, liebe Leser, in Wirklichkeit besitzen die Mächtigen eine innere Leere, die sie mit dem unersättlichen Raub versuchen zu kompensieren. Je größer deren Beraubung ist, desto mehr zeigen sie ihr inneres Vakuum. Die Dekadenz spiegelt dies wider. Ihre einzige Chance, die die Mächtigen haben, ist, sich davon zu befreien. Sich zu befreien aus ihrem goldenen Käfig, auszubrechen und endlich Menschenfreund zu werden. Die Menschheit bekäme so ihre Mündigkeit und zugleich die Chance, sich zu dem kosmisch-göttlichen Bewusstsein hin zu entwickeln sowie sich als menschliche Rasse in Den Kosmos einzureihen. Raus aus der Versklavung hin zur Bewusstseinsentwicklung einer ganzen Spezies.

Die Diktatur positiv betrachtet

Diese unvorstellbaren Reichtümer und Ressourcen, die die Mächtigen erbeutet und angehäuft haben, stellen momentan einen existentiellen Schatz für die gesamte Menschheit dar. Natürlich soll deren Verhalten damit nicht gerechtfertigt werden, aber nichtsdestotrotz ist die Anhäufung solcher Werte jetzt von größter Bedeutung.

Die Mächtigen sollten sich dessen bewusst werden und dies als ein Fundament betrachten, sich und die Menschheit zu befreien. Das kompakte Wissen der Mächtigen sowie deren Besitztümer sollten auch als eine Art Chance gesehen werden, dass als Fundament in der Lage wäre, den gesamten Planeten retten zu können. Verfolgen wir diesen Gedanken weiter, eröffnen sich dadurch neue Dimensionen.

Die Zukunft unseres Planeten kann kosmischen Charakter empfangen. Können sich die Mächtigen von ihren Ausgebeuteten und von deren egoistischem Grundverhalten lösen, eröffnen sich für sie unvorstellbare, neue Herausforderungen. Mit einem nie dagewesenen Gefühl der Ehrlichkeit würden sie neue Erfahrungen sammeln. Sie würden mit einer universellen Liebe überschüttet werden, deren geballte Macht in der Lage wäre, unvorstellbare Dinge in Bewegung zu setzen. Sie könnten Führer im wahrsten Sinne des Wortes werden. Führer mit der Verantwortung für eine ganze Spezies. Diese wiederum könnte den gesamten Weltraum beeinflussen.

Die Menschheit bekäme eine echte Chance, sich ganzheitlich zu entwickeln. Der zukünftige dümmste Mensch könnte dann weiter sein als die jetzige geistige Elite. Wir alle bekämen endlich eine ehrliche Chance, vollwertige Wesen der kosmischen Allianz zu werden. In solch einer Situation macht es Sinn, eine Macht zu akzeptieren und deren Order zu befolgen. Aus unserer heutigen Sicht ist natürlich jede Order ein Befehl und ein Befehl ist ein Diktat. Doch in Anbetracht der heutigen globalen Situation und der Entwicklung der Mächtigen macht es Sinn, solche Definitionen aus einer anderen Sicht heraus zu betrachten. Eine richtige Entscheidung im Sinne der Allgemeinheit wäre im Interesse aller Beteiligten. Jeder würde davon profitieren und der geistigen Entwicklung würde nichts mehr im Wege stehen.

Wir, die Masse, die Mehrheit der Menschen, das Volk, der Mob brauchen eine klare Führung, einen Wegweiser, eine Richtungsvorgabe, ein Diktat. Ein Diktat im Positiven für alle. Betrachten wir hierfür noch einmal kurz wiederholend den Aspekt der rasant expandierenden Menschheit und dessen Folgen. Wir wissen, dass die Anzahl der Menschen astronomisch ansteigt und wir dem nichts entgegensetzen können. An dieser Stelle macht es aus meiner Sicht ganz klar einen vernünftigen Sinn, ein Diktat für die gesamte Menschheit aussprechen zu lassen.

Angefangen mit einem absoluten Fortpflanzungsverbot, sprich Geburtenverbot für mindestens drei bis fünf Jahre auf dem gesamten Planeten. Man könnte im gleichen Stil wie z.B. die CO_2-Propaganda von Al Gore, die weltweit verbreitet wurde und immer noch wird, die Wahrheit zu einer großen PR werden lassen. Wie steht es wirklich um unseren Planeten? Welche Chancen haben wir noch? Müssen wir jeden Tag Fleisch (fr)essen? Usw. Drei Jahre Vorlauf sollten reichen, um die Menschheit darauf vorzubereiten, sich auf ein absolutes Geburtenverbot für ein paar Jahre einzustellen. Ein Jahr sollte reichen, den Menschen darauf einzustellen, nur noch einmal pro Woche Fleisch zu essen.

All das wäre nur möglich durch ein Diktat. Parallel laufend würde der Mensch langsam, aber sicher durch die richtige, vor allem ehrliche Pädagogik an eine Selbstverantwortung herangeführt werden mit dem Ziel, den Menschen mündig werden zu lassen.

Dazu muss er allerdings erst einmal aus seinem Tiefschlaf geweckt werden. All das funktioniert nur über eine Weisung, über ein Diktat. Zu lange wurde die Menschheit, insbesondere die der Industriestaaten, vom unsinnigen Konsum narkotisiert. Und gleichzeitig die armen Entwicklungsländer mit dem Konsummüll zugeschüttet. Nein, all das lässt sich 100 % nur über eine ehrlich transparente Diktatur ändern. Diejenigen, die die Macht besitzen und unseren Planeten bisher lenkten, sind jetzt gefragter denn je. In ihren Händen liegt die Zukunft unserer Spezies Mensch. Viel Zeit haben wir nicht mehr, um den Kurs zu ändern. Dennoch bin ich voller Hoffnung, dass die Gesetzmäßigkeiten mit ihren Reflexionsmechanismen ihre Wirkung erzielen und unsere Rasse Mensch sich doch noch findet.

Trotz einer kleinen machtbesessenen Gruppe, die es vielleicht auch immer in der Entwicklungsphase einer Spezies geben muss, werden wir daraus wachsen. Die Menschheit kann eine große kosmische Zukunft haben, wenn die Verantwortlichen ihrer Verantwortung gerecht werden und sich für die richtige Seite entscheiden.

So wie der einzelne Mensch, wenn er liebt und einen festen Glauben hat, eine unbegrenzte Energie besitzt und fast unangreifbar ist, so ist adäquat der gesamte Planet, als ein kosmisches Wesen betrachtet, unantastbar. Dieses universelle Bewusstsein würde dann für jeden, als normal gesehen, verständlich werden.

Alles bedarf einer Ordnung und diese wiederum verläuft immer nach einem Gesetz. Jedes Gesetz ist durch dessen strikte Regeln vergleichbar mit einem Diktat. Ein Diktat muss demnach nicht schlecht sein. Alles ist lediglich abhängig von der Intention bzw. der Betrachtungsweise. Lassen wir also ein ehrliches Diktat zu und ermöglichen den Mächtigen, eine ehrliche, korrekte Führung zu gestalten.

Die Ressourcen effektiv genutzt

Erinnern wir uns doch gerne an die grenzenlose Kreativität und Phantasie des Menschen. Wie sie sich wie das Licht in alle Richtungen ausbreiten kann. Erinnern wir uns an die wunderbaren Bauwerke, an die unglaubliche Kunst von Skulpturen und Bildern sowie die unbeschreiblichen Kompositionen der Klänge und der Schreibkunst. Aber auch an die anderen daraus entwickelten Perfektionen wie den Tanz, das Theater, die Akrobatik und vieles mehr. Parallel laufend dazu die Fähigkeit des Menschen, voller Leidenschaft zu lieben und zu glauben, welches die schönsten Aphorismen hervorbrachte. All das und vieles nicht Genannte stellt geistig-emotionale menschliche Ressourcen dar. Ressourcen, die kosmische Wunder vollbringen könnten. Ich habe bewusst keine technischen Errungenschaften aufgezählt, weil diese aus meiner Sicht noch völlig verhüllt und kastriert durch den momentanen Charakter geprägt sind. Jede heutige technische Entwicklung hat ausschließlich einen ökonomischen Charakter. Und dieser ist ein Makel in einer höheren Bewusstseinsebene.

Der Mensch als Individuum hat, wenn er nicht gebremst wird, einen riesigen Schatz an Ressourcen, die nur darauf warten, entdeckt zu werden. Schon allein das sollte als eine riesige Chance gesehen werden. Der Mensch ist nicht nur ein Geschöpf, sondern in erster Linie selbst ein Schöpfer. Solche Ressourcen, in Verbindung mit großer Leidenschaft sinnvoll eingesetzt, könnten Unvorstellbares hervorbringen. Fügen wir dem noch die von den Mächtigen geraubten Schätze und deren Wissen hinzu, eröffnen sich unbeschreibliche Möglichkeiten, die menschliche Zukunft kosmisch neu zu gestalten. Bis dato wurden die geistig-kreativen sowie die materiellen Ressourcen von den Mächtigen nur für die eigenen Bedürfnisse ausgenutzt. Vergleichbar mit den einzelnen Menschen, die ebenfalls ihre eigenen geistig-kreativen, aber auch ihre körperlichen Fähigkeiten nur zur einfachen Befriedigung einsetzen bzw. ausnutzen. Gerade mal so viel wie nötig. Dabei würden sie mit ihrem vorhandenen Potential zu viel mehr fähig sein. Jedoch mit dem Erweitern des Bewusstseins wächst auch die Bereitschaft, das vorhandene Potential effektiver einsetzen zu wollen.

Es wächst ein Bedürfnis, die Zeit adäquat zu den eigenen Fähigkeiten anzugleichen. Mit anderen Worten, man möchte keine Zeit sinnlos verstreichen lassen, sondern effektiv nutzen. Dieses Bedürfnis ist auch kollektiv zu verstehen. Das Bewusstsein des Menschen als Spezies entwickelt sich weiter und es versteht langsam seine Fähigkeiten (Ressourcen) wesentlich sinnvoller einzusetzen. Dennoch bedarf es in der allgemeinen Praxis vieler Menschen noch viele Hürden zu überwinden.

Täglich erlebe ich in meiner Arbeit z.B., wie dürftig vorhandene Ressourcen erkannt und genutzt werden. Im öffentlichen Dienst liegen unzählige materielle, aber auch fachpersonelle Ressourcen irgendwo im Keller einer Einrichtung, obwohl sie täglich benötigt werden. Grund dafür sind inkompetente Informationsquellen. Zu oft werden die vorhandenen Ressourcen nicht entdeckt, obwohl sie vorhanden sind.

Seit mehr als zehn Jahren bin ich tätig in einer Gruppe, die sich zur Aufgabe machte, Schulen, Kitas und Jugendeinrichtungen so gut wie möglich miteinander zu vernetzen. Mit dem Ziel, deren Ressourcen effektiver zu nutzen. Seit mehr als zehn Jahren bemühe ich mich darum, dass eine allgemeingültige Verteilerstelle für jede Art von Materialien und fachpersonellen Ressourcen eingerichtet wird. Diese wäre logischerweise für alle Einrichtungen effizient und dementsprechend sinnvoll. Trotz alledem ist es mir in dieser Zeit nicht gelungen, solch eine Stelle ins Leben zu rufen. Aus Gründen der Kosteneinsparungen wird jede zusätzliche Stelle abgelehnt (welch eine versteifte Bürokratie). Obwohl es im Laufe der Zeit Unsummen mehr kostet, brachliegende Ressourcen nicht zu nutzen. Hinzu kommt noch, dass ein jeder lieber sein eigenes Süppchen kocht. Informationen werden prinzipiell nur durch eigene Flyer oder Mails weitergegeben. Diese wiederum lösen sich relativ schnell in Luft auf und verlieren so an Bedeutung. Meine kleine Schilderung aus meiner Berufspraxis dient lediglich dazu, die Verhältnismäßigkeit vom Großen zum Kleinen zu belegen. Auf unserem Planeten werden ebenfalls brauchbare Ressourcen entweder aus Profitgründen gehortet oder einfach nicht erkannt.

An dieser Stelle möchte ich gerne, da alles in Korrelation zueinander steht, einen Vergleich bringen, der sich auf den einzelnen Menschen bezieht.

Vergleichen wir hierfür die Leistungsfähigkeit eines beliebigen Menschen, öffnet sich für uns ein noch klareres Bild der mangelnden Ressourcennutzung. Ein jeder hat zwar seine 100- prozentigen geistigen wie körperlichen Fähigkeiten, dennoch nutzt er lediglich einen geringen Prozentsatz seines wirklichen Potentiales. Die kompletten Fähigkeiten seiner gesamten Ressourcen nutzt fast niemand, obwohl sie die Effizienz in die Höhe schnellen lassen würden. Ich bin überzeugt davon, dass im Laufe der Bewusstseinsentwicklung ein jedes Lebewesen die Fähigkeit, seine Ressourcennutzung zu steigern, lernt bzw. dass dies ein entscheidender Teil seiner Ausbildung sein wird.

Auf Grund dessen möchte ich noch einmal auf die Menge und Vielfalt der Ressourcen unserer Spezies und unseres Planeten zurückkommen. Wir besitzen einen gigantischen Schatz, mit dem wir unsere Zukunft gestalten könnten. Wir, die Masse, und die

Mächtigen, das sind die, die den gesamten Planeten derzeit lenken, organisieren und gestalten, haben allemal das Zeug dazu, eine kosmische Zukunft aufzubauen. Wir könnten uns eingliedern in eine allumfassende Allianz des Weltraums. Und wir bekämen vielleicht die Anerkennung allgemeiner Zugehörigkeit.

Das biologische Gleichgewicht

Wie können wir in diesem Zusammenhang die Biologie definieren? Ich stelle ganz bewusst diese Frage gleich zu Beginn dieses Unterkapitels, um inhaltlich die Möglichkeit zu geben, die richtigen Zusammenhänge thematisch sortiert zu erfassen. Die Biologie befasst sich ausschließlich mit dem Lebendigen, mit allem, was wir als lebend bezeichnen. Was bezeichnen wir als lebendig? Lebendig ist alles, was in der Lage ist, sich selbst zu reproduzieren, und sich so vermehren bzw. fortpflanzen kann. Ob es nun Flechten, Pilze, Moose oder Mikroorganismen sind, all diese können (ja sie streben regelrecht danach) sich selbst vermehren und ausbreiten. Auf Pflanzen, Insekten und noch höher entwickelte Lebensformen wie Säugetiere brauche ich gar nicht erst näher eingehen. Denn prinzipiell reicht es schon zu verstehen, dass ein Etwas sich selbst fortpflanzen kann. Jede Lebensform bedarf zum Überleben bestimmter Eigenschaften, die dies ermöglichen. Sie, die Lebensform, muss in der Lage sein, sich energetisch zu versorgen und im gewissen Sinne sich auch schützen zu können; vor anderen Lebewesen, denen man vielleicht als Nahrung dienen würde, oder auch vor eventuellen Rivalen, die einem den Lebensraum oder die Nahrung streitig machen wollen.

Leben bedeutet ein ständiger Wandel, eine ständige Veränderung oder auch Anpassung. Jede Spezies muss sich im eigenen Gleichgewicht befinden, um dauerhaft überleben zu können. Dies wiederum setzt voraus, dass das nötige Umfeld (Milieu) so intakt ist, dass das Überleben gewährleistet ist. Wie wir inzwischen wissen, sind alle Lebensformen miteinander biologisch verbunden, sie sind quasi ineinander vernetzt und zusammenhängend bilden sie ein Ganzes. Vergleichbar mit einem einzelnen Lebewesen, das wiederum auch aus unzähligen verschiedenen Zellen besteht, die ebenfalls aus einzelnen lebenden Bausteinen zusammengesetzt sind. Wir könnten dies selbstverständlich weiter bis in den Mikrokosmos verfolgen, es würde vom Prinzip niemals etwas anderes dabei herauskommen. Alles korreliert miteinander und ein Separieren führt automatisch zur Selektion. Was so viel heißt wie, alles gehört zusammen und ergibt einen Sinn, solange es miteinander harmoniert. Wehe dem, es isoliert sich vom Ganzen, löst sich von der großen Einheit, dieses ist dem Untergang geweiht.

Im Klartext heißt das, alles, was nicht miteinander harmoniert, verliert im Laufe der Zeit an Bedeutung. Es kann noch für kurze Zeit isoliert existieren, es benötigt aber wesentlich mehr Energie, um überhaupt bestehen zu können.

Leben bedeutet prinzipiell ein harmonisches Miteinander. Betrachten wir hierzu unseren Planeten mal aus einer anderen Sicht. Unser Planet besteht aus unzähligen verschiedensten Lebensformen, die sich, jede auf ihre Art, in irgendeiner Nische behaupten. Da alles Leben einer gewissen Konstellation unterliegt, macht es Sinn, gerade diese näher zu betrachten.

Kann es sein, dass unser Planet ein eigenes Lebewesen ist und wir lediglich die kleinen einzelligen Lebensformen darstellen? Zumal der Gesamtorganismus Erde keine direkte Beziehung zu uns hat. So wie wir keine direkte Verbindung zum gigantischen Wesen unseres eigenen Planeten haben. Aber auch nicht zu unseren einzelnen unzähligen Zellen, die uns ausmachen. Auch wir als Spezies besitzen keine Verantwortung für das Ganze. Erst ein höheres Bewusstsein lässt ein Verantwortungsgefühl für das Ganze zu.

Der momentane Zeitgeist zeigt jedoch gerade das Gegenteil, völlig verantwortungslos gehen wir Menschen mit unserer Erde, aber auch mit uns selbst um. So wie wir qualvoll mit den Tieren, aber auch mit anderen Menschen umgehen, so gehen wir schonungslos mit unserem Planeten um. Erinnern wir uns noch einmal an die Wahrnehmung unserer Matrix. Alles entscheidet, wie man die subjektive Betrachtungsweise empfindet; diese wiederum beeinflusst unsere körpereigene Biologie. Was wir als gut oder angenehm empfinden, ist für uns biologisch positiv. Wir profitieren davon. Das, was uns ängstigt, uns nicht gefällt, was wir als negativ empfinden, schadet uns. Stört unsere Biologie. Die Harmonie stellt das Gleichgewicht allen Lebens dar und ist als treibende Kraft jeder biologischen Einheit zu betrachten. Der Gesamtorganismus Erde erlebt derzeit alles andere als die Harmonie.

An dieser Stelle macht es Sinn, analog vom Großen zum Kleinen und umgekehrt zu gehen. Der Mensch verursacht Umweltkatastrophen, eine nach der anderen. So wie die Erde als Ganzes systematisch erkrankt, erkrankt der einzelne Mensch und auch jedes andere Lebewesen. Je schlechter es uns geht, desto schlechter geht es auch unserem Planeten. Wir verseuchen uns Menschen durch Pestizide und andere Chemikalien und vergiften gleichzeitig unseren Planeten. Der Mensch verschmutzt die Atmosphäre unserer Erde, die kaum noch atmen kann, und selbst leidet er immer mehr an unterschiedlichsten Atemerkrankungen. Chemikalien verseuchen die Flora und Fauna und der Mensch wundert sich über die übermäßigen Allergien und Hauterkrankungen, schon bei den Kleinsten. Wir zerstören Unmengen von natürlichen Wäldern und dem Menschen mangelt es an natürlicher, gesunder Ernährung. Wir entsorgen gigantische Mengen nicht recyclebarer Kunststoffe einfach in der Natur und wundern uns über immer mehr künstliche Zusatzstoffe in unseren Nahrungsmitteln. Der Mensch überschüttet sich mit Unmengen von Reizen (Medienüberflutung), was zur permanenten Hektik und immer mehr Nervenerkrankungen führt, und die Erde beginnt zeitgleich zu kollabieren durch Hochwasser und immer heftigere Hurrikans. Parallel laufend entfacht der Mensch immer mehr

Kriege und befindet sich in einem Sog des kapitalistischen Raubtierverhaltens. Wie eine Entzündung zündelt es auf dem gesamten Planeten.

Apokalyptische Zustände spiegeln sich im Kleinen wie im Großen wider. Immer mehr Menschen kränkeln an allem Möglichen. So wie der Planet erkrankt, leidet der Mensch und jedes andere Lebewesen. Alles ist aus dem Gleichgewicht gerissen. Was so viel heißt wie, die Biologie kann in solch einem Zustand nicht harmonisch funktionieren. Der Planet mit seinen astronomisch vielen unterschiedlichsten Spezies kann so nicht überleben. Täglich sterben unzählige Lebensformen (Arten) aus, um Platz zu schaffen für den Menschen, der sich explosionsartig vermehrt. Die gesamte Biomasse unseres Planeten, des gigantischen Wesens Erde, bleibt quantitativ unverändert. Expandiert eine Spezies besonders schnell, bedeutet dies, eine andere muss ihr weichen. Die Biomasse bleibt immer konstant. Je mehr Menschen geboren werden, desto mehr müssen andere Arten sterben.

Dies führt zu einer nicht mehr verträglichen ökologischen Verschiebung. Die natürliche Verhältnismäßigkeit verliert sich ins Chaos.

Biologisch betrachtet ist jede Lebensform nützlich zum Erhalt des Ganzen und mit eingebunden. So kann jede Spezies in seiner Nische von der intakten Familie oder einem intakten Staat profitieren. Erinnern wir uns an unsere Wahrnehmung von Schwingungen, an konstruktive und destruktive Interferenzen. Diese dringen bis in die einzelne Zelle, ja sogar bis in die einzelnen Mitochondrien und verändern, je nach Schwingungen, deren Verhalten. Ausnahmslos ist alles von- und miteinander abhängig und schwingungssensibel. Je nach Art der Schwingungen verändern sich die Biologie, und das im Großen wie im Kleinen.

Wenn wir leiden, leidet auch unsere Erde mit. Das biologische Gleichgewicht wäre der Idealzustand für jeden und alles. Wenn wir uns im Gleichgewicht befinden, nennen wir das Harmonie.

Harmonie *(griech. harmonia = (Zusammenfügung, Silbe ar oder har: indogerman. Herk. = Vereinigung von Entgegengesetztem zu einem Ganzen) bezeichnet: allgemein die Übereinstimmung, Einklang, Eintracht, Ebenmaß; in der zwischenmenschlichen Kommunikation einen Gleichklang der Gedanken und Gefühle.* □

In der Musik ist die Rede von Einklang, was wir ebenfalls als harmonisch empfinden. Beim Tanz heißt es Gleichschritt. In jedem Falle heißt es aber zusammen funktionieren, gemeinsam wirken. Solange es keine einheitliche Führung gibt, solange werden wir nicht im Einklang sein, solange wird es keine gemeinsame Harmonie geben. Die biologischen wie physi-

□ **Auszug aus dem Wikipedia**

kalischen Gesetze sind universell als Wegweiser zu verstehen, und das auf allen Ebenen.

Die Zukunft und die Macht des Glaubens

Die menschliche Spezies und deren Gesamtorganismus Erde stehen derzeit vor einer Zerreißprobe. Das menschliche Bewusstsein hat sich zum einen zu einem künstlerischen Universalwesen entwickelt und zum anderen zum bestialischen Raubtier, das jede Beziehung zum Gesamtleben verloren hat.

Erinnern wir uns an die Entstehung bzw. Entwicklung einer Matrix, dann wissen wir, dass die vorhandenen Emotionen von entscheidendster Bedeutung sind. Emotionen wiederum sind sehr stark abhängig von dem, woran wir glauben. Stellt meine Familie für mich das Wesentlichste dar und glaube ich an sie, bin ich überzeugt von dem, was ich mache, und gehe darin auf, so stärkt dies meinen Glauben und gleichzeitig auch mich. Jede Intention ist abhängig vom Glauben. Jeder Glaube beinhaltet automatisch die Liebe. Wie fundamental der Glaube und die Liebe sind, zeigt sich deutlich in deren Kraft. Zusammen bilden sie um jeden einen elektromagnetischen Schutzschirm, an dem alles abprallt. Die wahren kosmischen (göttlichen) Gefühle lassen uns zu Superwesen werden.

Glauben bedeutet frei sein von Zwängen und Lieben heißt vergeben.

Diese Worte klingen vielleicht für den einen oder anderen zu pathetisch und dennoch stellen sie eine kosmisch-göttliche Gesetzmäßigkeit dar, die nicht wegzudenken ist. Sie offenbart einen zentralen Teil unseres Daseins. Im heutigen Zeitgeist wird mehr auf Äußerlich Oberflächlicheres Wert gelegt und solche pathetischen Worte klingen dann eher kitschig und antiquarisch. Erinnern wir uns an das Gender-Mainstream-Konzept und den postmodernen Neoliberalismus, in denen solche Gedanken sogar als lächerlich und altmodisch bezeichnet werden. Wo es heißt, solches sei dem Zeitgeist nicht entsprechend.

Wie kann die Liebe zum Familienbündnis und der Glauben daran einem Zeitgeist widersprechen? Wollen wir uns dem nicht erneut widmen? Ich glaube, genug Stellung dazu genommen zu haben. Auch die Mächtigen besitzen einen Glauben, selbst wenn dieser vom Weg abgekommen ist. Sie selbst wissen jeder für sich, wonach sich ihre Seele sehnt. Im Unterbewussten wünscht sich jedes Lebewesen die Harmonie. Egal, in welcher Position, Situation oder in welchem Stand man sich befindet. Harmonie bedeutet immer innere Zufriedenheit, alles ist gut, mir geht es gut. Ich bin frei von seelischer Qual des schlechten Gewissens. Was ist wohl wünschenswerter? Dieses bewusst, gezielt anzustreben, wäre der Idealfall.

Genau das macht meine Hoffnung aus. Ich bin davon überzeugt, dass alle das Gleiche suchen und anstreben. Jedes Bewusstsein geht schließlich den gleichen Weg. Denn ein natürlicher Reflexionsmechanismus sorgt letztendlich bei jedem für das Streben nach Vollkommenheit.

Ein reines Gewissen lässt einen ohne unangenehmen Druck auf der Seele besser schlafen. Wir als das Volk können nur ahnen, was in den Köpfen der Mächtigen vorgeht. Wir wissen nicht genau, was deren Pläne sind, nur durch emsige Recherchen neugieriger Autoren können wir die einzelnen Puzzleteile zusammensetzen und uns versuchen ein Bild daraus zu machen. Was hat es z.B. mit dem Projekt *Der Tresor des Jüngsten Gerichts* auf sich, an dem Microsoft-Gründer Bill Gates seit 2006 aktiv beteiligt ist? Dieses Projekt verschlingt gewaltige Summen und stellt einige Fragen in den Raum. Dazu ein kleiner Auszug aus einem Bericht vom Kopp Verlag:

Und nichts ist momentan aufschlussreicher als seine Beteiligung an einem seltsamen Vorhaben in einem entfernten Winkel der Erde, auf Spitzbergen. Hier investiert Bill Gates, mitten im arktischen Meer, 1000 Kilometer vom Nordpol entfernt, einige Millionen Dollar in eine Samenbank. Spitzbergen, die Hauptinsel des Svalbard-Archipels, ist ein karger Felsen im Arktischen Meer, von Norwegen beansprucht und dem Land seit 1925 durch internationale Verträge überlassen. Auf diesem gottverlassenen Eiland steckt Bill Gates sein Geld, gemeinsam mit der Rockefeller-Stiftung, der Monsanto Corporation, der Syngenta-Stiftung und der norwegischen Regierung, um nur einige zu nennen, in ein Unternehmen, das als »Tresor des Jüngsten Gerichts« bezeichnet wird. In der offiziellen Sprachregelung heißt es »Svalbard – globaler Saatgut-Tresor auf der norwegischen Insel Spitzbergen, Teil der Svalbard-Insel-Gruppe«. □

Kurze Anmerkung:
Ist es nicht interessant, dass immer wieder bestimmte Familiennamen zu bestimmten Themen auftauchen?

Die Samenbank befindet sich im Inneren eines Berges. Seine doppelt explosions- und mit Bewegungsmeldern gesicherten Türen sowie Luftschleusen und meterdicken Stahlbetonwände lassen erahnen, welche Wichtigkeit dahinterstecken muss. Nur die Frage drängt sich auf, vor was und wem sollen die mehr als drei Millionen wichtigsten Pflanzensamen geschützt werden? Handelt es sich wirklich nur um Pflanzensamen oder auch um menschliche Gene, und wenn, welche Intention steckt dahinter?

Was wissen die Mächtigen und was wird uns verheimlicht? Unzählige Projekte, die im Geheimen ablaufen und von denen wir nicht wissen, vielleicht nicht einmal ahnen können, laufen hinter unserem Rücken ab. Dennoch bin ich davon überzeugt, dass wir Menschen nicht verloren sind. Dazu zum x-ten Mal; entscheidend ist grundsätzlich, wie stark unser Glaube und unsere Liebe ist. Egal, was hinter unserem

□ **F. William Engdahl: Ein Bericht aus dem Kopp Verlag/www.kopp-verlag.de**

Rücken abläuft und was deren Pläne sind. Sie selbst kommen nicht daran vorbei, ihren eigenen Heiland zu finden und zu empfangen. So naiv, wie sich das für den einen oder anderen anhören mag, so gesetzlich verbindlich ist aber die Realität. Egal, in welcher Machtposition man sich befindet, die Gesetze sind kosmisch verankert, überall gleich. An denen können wir uns nicht vorbeischummeln, auch wenn manche glauben, die Macht über Leben und Tod zu besitzen. Erinnern wir uns an die Matrix. Unsere Emotionen und der Glaube sind die Bausteine unserer Matrix, unserer Realität. Des Menschen Gedanken, die natürlich vom Glauben und unserer Liebe geprägt sind, gestalten diese. Sind wir uns dessen wirklich bewusst, sind wir Schöpfer unserer Gegenwart, unserer eigenen Realität. Unsere Macht liegt nicht an dem, was wir materiell besitzen, sondern an dem, was wir lieben und woran wir glauben.

Ein Appell an die Mächtigen könnte lauten:

Lasst uns alle als menschliche Spezies zum homo-kosmischen Wesen entwickeln. Schenkt uns und euch die wirkliche Freiheit der kreativgöttlichen Entwicklung. Wir alle besitzen ein gewaltiges Potential, das nur darauf wartet, freigelassen zu werden. Ihr, die Mächtigen, habt das Zepter der Macht in den Händen, ihr könnt weiter die besessene, verlogene und verkrampfte Art der Führung ausüben oder auch die der vernünftigen, gewissenhaften, ehrlichen und seelisch verantwortlichen Führung. In dieser letzten würdet ihr zu Volkshelden aufsteigen und das Größte im Universum erfahren, die wahre, umfassende (globale) Liebe.

Nachwort

Über das Thema einer Weltdiktatur ein Buch zu schreiben, stellte für mich eine große Herausforderung dar. Ich weiß auch, dass dies zum Zündstoff für viele werden kann. Doch wer sich die Mühe macht und mein Buch nicht überfliegt, sondern versucht, den darin vorkommenden Gedanken zu folgen, der kommt nicht daran vorbei, sich weiter mit diesem Thema zu befassen. Mir war wichtig, Zusammenhänge zu verknüpfen, die im ersten Moment nicht unbedingt den Eindruck erwecken, miteinander etwas zu tun zu haben.

Ich versuchte im Kapitel I den Istzustand des Menschen aus so vielen Blickwinkeln wie möglich zu betrachten und hoffe, Wesentliches nicht ausgelassen zu haben. Wie z.B. die Wahrnehmung unserer Realität, unsere empfundene Matrix modelliert unsere politisch-gesellschaftliche Betrachtungsweise. Mit anderen Worten, so wie wir es gewohnt sind, unsere Welt zu sehen, so werden wir empfinden und handeln.

Zu schnell werden heute Begriffe wie z.B. Verschwörungstheoretiker oder sogar Verschwörungsspinner als Instrument in der Rhetorik eingesetzt. Solche Argumente sind fester Bestandteil der geschaffenen Matrix, mit nur einem Ziel, der Manipulation.

In Kapitel II war mir wichtig, den Plan bzw. die Absicht der Mächtigen aus unterschiedlichster Sicht heraus zu betrachten. Ich bemühte mich, so realitätsnah wie möglich zu berichten, und weiß selbstverständlich, dass ich bei manchen auf absoluten Widerstand stoße. Das macht aber nichts, ich wünsche mir, dass gerade derlei Menschen sich mit solchen Themen anders (mal aus einem anderen Blickwinkel wie gewohnt) auseinandersetzen und vielleicht irgendwann in der Lage sein werden, sich für dergleichen Inhalte zu öffnen und so zu einer neuen, erweiterten Sichtweise zum Ganzen zu gelangen.

Besonders interessant war mir zu berichten, wie resistent die Menschen unter optimalen Bedingungen sein können. Was in dem Fall für die Mächtigen zum Problem wird. Betrachten wir die Resistenzfähigkeit als etwas Besonderes, ist der Mensch mit einer Kakerlake zu vergleichen. Mir ist selbstverständlich bewusst, dass auch dieser Vergleich für den einen oder anderen anrüchig wirken kann. Was mir außerdem sehr am Herzen liegt, ist immer wieder, meinen Lesern die Wichtigkeit der Liebe, des Familienbundes und des Glaubens zu vermitteln, die doch gerade in der heutigen Zeit durch das Gender Mainstream am Zerbröseln ist. Ferner war mir sehr wichtig, das inszenierte globale Chaos verständlicher werden zu lassen sowie die Vorsätzlichkeit, die dahintersteckt.

Im Kapitel III sollte die Freiheit des Menschen zum Thema werden. Dass der Mensch schon immer Eigentum der Mächtigen war, ob Sklaven oder

Leibeigene, zu allen Zeiten wurden sie als Ware gesehen. Zwar unterscheidet man den Sklaven vom Leibeigenen darin, dass der Sklave verkauft werden konnte und der Leibeigene nicht, aber nichtsdestotrotz wurden sie als Eigentum betrachtet. Daran hat sich bis heute nichts geändert. Die Masse der Menschen wird auch heute wie Eigentum, Billigarbeiter, mit denen man machen kann, was man will, betrachtet. Dass ich klar Stellung zur Diktatur genommen habe, war Inhalt meines Buches und höchstwahrscheinlich der reizbarste Teil dessen. Darüber bin ich mir selbstverständlich im Klaren und hoffe auf konstruktive Anregung von außen. Da wir alle diesen Planeten ausmachen, wünsche ich mir sehr, dass noch viel mehr mündige Menschen aktiv werden, indem sie selbst versuchen, andere Menschen aus ihrem Tiefschlaf zu erwecken.

Dass ich spekulativ Außerirdische erwähne, die zumindest einen Platz im auch Möglichen bekommen, heißt nicht unbedingt, dass so etwas völlig abwegig sein muss. Meine Absicht ist es lediglich, einem freien Geist auch alle Optionen zu gewähren. Von vorneherein solch ein Thema als Fantasterei abzutun bedeutet, sich der allgemeinen Kurzsichtigkeit angepasst zu haben. Auf Grund dessen wollte ich eine solche Eventualität nicht auslassen.

Im Kapitel IV sollte die Verantwortung zum Thema werden. Aus einer anderen Sichtweise heraus betrachtet besteht sogar die Möglichkeit, sich eine positive Diktatur (ich weiß selbstverständlich, dass der Begriff Diktatur prinzipiell niemals positiv klingt) vorstellen zu können. Ich wünsche mir, dass sich dazu ein neues Verständnis entwickelt. Ein Verständnis dafür, dass eine Bevormundung, eine Führung biologischen, aber auch religiösen Charakter hat und unausweichlich ist.

Zuletzt muss ich erneut noch einmal auf den Glauben als Fundament eingehen. Erst der Glauben lässt uns planen, vorausdenken und Familien gründen. Wie kann man daran zweifeln?

Dass ich als berufstätiger mehrfacher Vater die Möglichkeit habe, meine Bücher zu schreiben, liegt daran, dass ich mit einer Frau zusammenlebe, die mir das ermöglicht. Ich betone dies ganz bewusst voller Dankbarkeit. Dem Familienbund habe ich es zu verdanken, dass ich überhaupt so kreativ sein kann. Mario, meinem ältesten Sohn, verdanke ich durch seine vielen kreativen Anregungen in Diskussionen sowie seine Mithilfe bei der Gestaltung des Outfits meiner Bücher sehr viel (er gestaltete u. a. das Cover meines letzten Buches *Wer regiert uns wirklich und was wird aus unseren Kindern?*). Maurice wiederrum gestaltete das Cover zum Buch *Warum Leben und Sterben*. Ob es nun Mario, Maurice, Thomas oder mein kleiner Paul sowie meine Frau Tatiana sind, sie alle stellen für mich eine Quelle der Energie, meiner Energie dar. Ihnen habe ich es zu verdanken, dass ich mich geistig frei entfalten kann. Jeder auf seine Art inspiriert mich voll und ganz. Paul ist fünfeinhalb und bringt mich jeden Tag neu zum Staunen. Seine enorme Aufnahmefähigkeit zeigt mir voller Stolz, wozu ein Kind in diesem Alter fähig sein kann. Ein Rohdiamant, der nur darauf wartet, geschliffen zu werden. Thomas mit 15 fällt durch seine politisch-philosophische Neugierde auf und regt den einen oder anderen Gedanken in mir an. Maurice hat gerade seinen Master mit einem 1,3 Durchschnitt bestanden. Sein scharfsinniger Verstand hat mich schon öfters in eine andere neue Richtung denken lassen. Summa summarum habe ich allen das zu verdanken, was mich ausmacht. Gott sei Dank steht meine Frau mir stets zur Seite, um mich in kniffligen Fragen zu unterstützen.

Abschließend ist es mir wichtig den Zusammenhalt eines Familienbunds noch einmal zu zementieren. Die Realität zu ändern bedeutet Verantwortung zu übernehmen, bedeutet aktiv zu sein und bedeutet insbesondere gegen den Strom schwimmen zu müssen. All das gelingt uns nur, wenn wir einen Grund haben, zu lieben und zu glauben.

Quellenverzeichnis

Seite 86 □ Auszug aus dem Internet: Fluor kontra

Seite 88 □□ Auszug aus dem Internet: Das süße Gift

Seite 93 □ Chemtrails: Verschwörung am Himmel? V. F. Sammler

Seite 93 □□ Auszug aus dem Internet www.zentrum-der-gesundheit.de

Seite 94 □□□ Auszug aus dem Internet www.zentrum-der-gesundheit.de

Seite 98 □ Weltbevölkerungszähler - Weltbevölkerungs-Statistik aus dem Internet

Seite 113 □ Auszug aus dem Internetportal: Bundesinnenministerium für Familie, Senioren, Frauen und Jugend, Wissensnetz Bundesverwaltung

Seite 116 □ Auszug aus dem Internetportal Das Lexikon zur neuen Weltordnung

Seite 132 □ Auszug aus dem Internet-Forum True Words

Seite 132 □□ Auszug aus dem Internet-Forum True Words

Seite 162 □ Die Politeia - Wie Platon die Gerechtigkeit empfand; Heyne

Seite 210 □ Auszug aus dem Wikipedia

Seite 214 □ F. William Engdahl: Ein Bericht aus dem Kopp Verlag/

www.kopp-verlag.de

FSC
www.fsc.org
MIX
Papier aus verantwortungsvollen Quellen
Paper from responsible sources
FSC® C105338